W9-CKL-395

Celia Cruz

Celia Cruz
Toda la vida carnaval

Jairo Enrique Patiño

100
personajes · autores

PANAMERICANA
EDITORIAL

Patiño, Jairo Enrique
    Celia Cruz / Jairo Enrique Patiño. — Bogotá:
Panamericana Editorial, 2004.
    116 p. ; 21 cm. — (Personajes)
    ISBN 958-30-1310-2
    1. Cruz, Celia, 1925-2003 I. Tít. II.
Serie. 927 cd 20 ed.
AHU8061

    CEP-Banco de la República-Biblioteca Luis Ángel Arango

Editor
Panamericana Editorial Ltda.

Dirección Editorial
Conrado Zuluaga

Edición
Mireya Fonseca Leal

Diseño, diagramación e investigación gráfica
Editorial El Malpensante

Cubierta: Celia Cruz hacia 1955 • © www.celiacruzonline.com

Primera impresión, septiembre de 2004
Primera reimpresión, abril de 2005
© Panamericana Editorial Ltda.
    Texto: Jairo Enrique Patiño
Calle 12 N° 34-20, Tels.: 3603077–2770100
Fax: (57 1) 2373805

Correo electrónico: panaedit@panamericanaeditorial.com
www.panamericanaeditorial.com
Bogotá D. C., Colombia

ISBN 958-30-1310-2

Impreso por Panamericana Formas e Impresos S.A.
Calle 65 N° 95-28, Tels.: 4302110–4300355, Fax: (57 1) 2763008
Quien sólo actúa como impresor.
Impreso en Colombia
Printed in Colombia

"Tres amores tengo dentro de mi alegre corazón. Y es que el canto, yo lo llevo por dentro. Cuba bella, el son, la rumba y mi cabecita de algodón".

Celia Cruz

JULIO: LA NOSTALGIA

Pocas muertes son completas. Sobre todo cuando se deja una herencia cercana a noventa discos y varios centenares de canciones. Por eso, la de Celia Cruz suele quedar a medias: algunos la hacen vivir —un poco— cuando su voz vibra en una grabación. Logró una versión puntual de eso que llaman *inmortalidad*. Pocas muertes son completas y eso se sabe, también, por los olores. El penthouse todavía olía a jazmines y esa fue una trampa de la melancolía. Pedro Knight había necesitado dos días para regresar luego de enterrar a su esposa y el Guerlain que ella usó durante muchos años fue un golpe bajo, penetrante, de la nostalgia.

Le había dicho varias veces que, llegado el día, quería morirse primero que ella. Cuando lo oía, le decía en broma que lo que él quería era irse y dejarla con todos los problemas de la Tierra. "No, yo no quiero dejarte ningún problema", le respondía, "pero sí quiero morirme primero porque no sé qué sería de mi vida sin ti". Esa tarde, cuando regresó a la casa, llevaba ocho días sin ella y no había mostrado en público indicios de debilidad. Su fortaleza se había hecho un símbolo en los dos funerales, las misas y las procesiones. Hasta ese regreso a la casa se había librado de los artificios de la tristeza.

Los cortejos en honor de su esposa duraron una semana en medio de historias, tejidas a fuerza de la discreción que pidió la familia y de críticas por los viajes y la exposición de los restos. La primera despedida fue en Miami. Su cuerpo llegó de Nueva York la tarde del viernes 18 de julio de 2003 y desde la mañana del día siguiente los alrededores de la Torre de la Libertad se hicieron un desfile de lágrimas. Omer Pardillo, su representante artístico, eligió ese edificio porque allí habían confluido muchos cubanos que tenían algo en común con ella: el exilio. Empezaron los comentarios y los juicios. Se dijo que su funeral se había convertido en una protesta contra Cuba. Que Miami no tenía mayor importancia en su carrera y que el objetivo de llevarla allí no era otro que el impacto de opinión. Lo puntual fue que el cadáver estuvo en la torre donde en los años sesenta y setenta se procesaban las asesorías legales para los recién llegados; y que se cumplió lo que pedía Celia cuando hablaba de la muerte: un entierro con mucha gente. Las nueve horas de romería alcanzaron para que miles de personas la vieran por última vez.

Su muerte le dio la vuelta al mundo y los cables de prensa irrumpieron en los rincones más remotos. Pero en su país no fue noticia. El diario *Granma*, del Partido Comunista, dedicó dos párrafos a su muerte. En la página seis señaló que ella fue una importante intérprete cubana que popularizó la música de la isla en Estados Unidos, y que se caracterizó por la oposición al gobierno del presidente cubano, Fidel Castro, quien la consideró una desertora por emigrar a Estados Unidos en 1960. "Durante las últimas cuatro décadas se mantuvo sistemáticamente activa en las campañas contra la Revolución Cubana generadas desde Estados Unidos, por lo que fue utilizada como ícono por el enclave contrarrevolucionario del sur de La Florida", detallaba *Granma*.

Su oposición al sistema cubano no era un secreto. Pero algunos no veían con buenos ojos que su entierro se convirtiera en una gran arenga política. En la torre, la bandera de los Estados Unidos estaba izada a media asta y una bandera cubana cubría gran parte de la fachada. Adentro, el olor de azucenas, jazmines, orquídeas y rosas blancas era un halo que cuidaba el féretro. Los que lograron acercarse la vieron impecable. Tenía un traje de seda blanco —su color favorito— y una peluca rubia con un moño escrupuloso. Sus labios estaban de color carmesí, tenía varios anillos con diamantes y un rosario que zigzagueaba por sus manos entrecruzadas. Algunos salieron diciendo que parecía dormida. Su música sonó intermitente como telón de fondo. Así estuvo hasta las siete de la noche. A esa hora salió con un desfile detrás hasta la iglesia de Gesu, en el 118 NE de la 2ª calle, elegida para su despedida porque allí se dijo la primera misa en español en Miami.

A través de los ojos de Pedro se notaba una tristeza inmensa y dolorosa, pero siempre estuvo sereno, estoico. Mantuvo esa actitud cuando regresó a Nueva York, el domingo 20. Al día siguiente, la Funeraria Frank Campbell recibió las masas de seguidores que también querían contemplarla. Muchos esperaron seis o hasta ocho horas sin mirar el reloj. La multitud, a veces, parecía animada y coreaba versos de la guajira *Guantanamera*. Parecía, también, que la obedecían con aquello que cantó al lado del Gran Combo de Puerto Rico: *No quiero que me lloren*. De la euforia pasaban al llanto:

recordaban la partida que los convocaba y entonces se oían sollozos y lamentos. En ese ir y venir estuvieron hasta el martes 22. En la tarde salió el cortejo fúnebre encabezado por una carroza impulsada por dos robustos caballos blancos de crines frondosas; el cajón, que estaba dentro de una urna de cristal, fue forrado con una bandera cubana. Detrás venía un convertible blanco con la Virgen de la Caridad del Cobre y quince limosinas con sus familiares y amigos cercanos. Alguien comentó que le pusieron dentro de la caja una copia de su último álbum y un puñado de tierra cubana.

La caravana avanzó lenta por la Quinta Avenida de Manhattan. El aguacero asiduo e insistente no movió a las personas que, a lado y lado de la vía, gritaban —como se celebra en un concierto— cuando tenían el ataúd enfrente. El cortejo se estacionó frente a la catedral de San Patricio. Cuando Pedro apareció de entre los vidrios oscuros de los carros, fue vitoreado y aclamado. Él levantó la mano y saludó sin sonreír. Mantenía la serenidad. Se le notaba el dolor en la forma de caminar. El cuerpo de Celia fue llevado despacio por la nave central y quedó ubicado frente al altar principal. Su misa postrera estuvo oficiada por quince sacerdotes y varios obispos.

La hostia y el vino fueron entregados a Josú Iriondo, obispo auxiliar de Nueva York, por el actor español Antonio Banderas y los cantantes Paquito D'Rivera, John Secada y Rubén Blades. Los mensajes católicos por momentos le daban paso a la protesta política. En su sermón, Iriondo dijo que Celia supo llegar al pueblo porque entendió sus aspiraciones humanas y "quiso liberarlo de atracadores y asaltantes de las libertades humanas que como malhechores se visten de muchas formas engañosas". Luego apuntó que, para Celia, la libertad era una expresión sublime de la vida. "No era posible encarcelarla: nació para ser libre". Pardillo contribuyó al ambiente de protesta. Se paró en el altar y, tomándose la cara como seña de que estaba al borde del llanto, dijo: "Celia, saliste de Cuba pero Cuba nunca salió de ti. Por favor, ayúdanos a liberar a Cuba".

El *Avemaría* fue cantado por Patti LaBelle; lo cerró con un leve y respetuoso "azúcar". Víctor Manuel, un salsero joven, cantó el cierre de la ceremonia con *La vida es un carnaval*, una de las últimas canciones de Celia, y en la parte final improvisó un soneo —cantar en los intermedios del coro improvisando la letra— con frases de despedida. Le dijo con ritmo: "Celia te quiero cantar, / mi homenaje más sincero, / ustedes que aquí vinieron, / no sé por qué se preocupan, / ustedes que aquí vinieron, / no sé por qué se preocupan, / siempre vivirá por siempre, mi Celia, también su azúcar". Los aplausos se oyeron como pasa en un recital de música y no en una despedida de muerto: un buen resumen de su vida.

Luego, el entierro, encabezado por el carruaje, siguió su recorrido hasta el cementerio de Woodland, en el Bronx. Su oficina de relaciones públicas había pedido máxima confidencialidad en este instante. Por eso, la sepultura sólo fue presenciada por sus parientes y amigos más cercanos. La lluvia no había dado tregua. Cuando caminaban con el ataúd hasta el panteón que Celia había comprado varias décadas atrás, las sombrillas empezaron a cerrarse y todos se empaparon lentamente: las lágrimas se notaron menos. Hubo otra pequeña misa de veinte minutos ante una fosa entre las tumbas de Miles Davis y la de Duke Ellington. Luego se llevaron el cuerpo.

Algunos no entendieron qué pasaba y los que sabían prefirieron no comentar nada. Otra vez hubo versiones no oficiales y especulaciones, igual que en los días de la enfermedad. Se dijo que fue congelada y que los arquitectos tardarían tres meses en adecuar el panteón. La familia no se pronunció. Dos notas, publicadas en una revista mexicana y otra norteamericana, dijeron que Celia no fue enterrada ni cremada porque después de la emotiva despedida su cuerpo fue embalsamado y llevado a un mausoleo que Knight le mandó a preparar en Woodland. Anotaban que el tratamiento del cuerpo lo conservará intacto entre 25 y 50 años y que las llaves del sepulcro sólo las tiene Pedro y otra persona de su entera confianza.

Pocas muertes son completas, y se notaba también porque cuando volvió Pedro todo estaba en orden en la casa comprada tres meses atrás. Todo permanecía como la última vez que Celia le preguntó a su esposo, ¿no es cierto que mi casa es linda? Las fotos encima del piano, la sala recién decorada, las quinientas pelucas guardadas en bolsas, los más de cien vestidos colgados, las orquídeas del patio y la mesa donde, todas las mañanas, tomaban el desayuno: un jugo de naranja, una tajada de pan, y hojuelas de maíz con leche descremada.

Pocas muertes son completas y se veía en las tazas donde Pedro le servía el café negro que él mismo le preparaba. En el salón con todos los trofeos, discos de oro y reconocimientos. En su habitación, el lecho matrimonial y la cama auxiliar donde vivió las últimas horas de sus setenta y siete años; donde concluyó la pesadilla que empezó en julio de 2002 y duró, exactamente, un año.

Se cumplió, en fin, que pocas muertes son completas, y por eso las hijas de Knight —de su primer matrimonio— creyeron que no era conveniente que regresara al penthouse de Fort Lee, en Nueva Jersey. Pero allí estaba dos días después: ese 25 de julio cuando cayó en la trampa de la nostalgia.

La reencarnación

Las hijas de Ramón Alfonso, soldado del ejército revolucionario que luchó en la independencia cubana, estaban en ese funeral. Ana lloraba a su hija. Catalina sostenía por debajo la barriga de su segundo embarazo; su primera hija, Dolores, tendría una hermana. La niña de Ana había muerto antes de cumplir un año por una enfermedad que no le dio tiempo a nadie. Alguna vecina del solar le había dicho "Ana, chica, esa niña murió muy pequeña, tienes que marcarla porque de pronto regresa a la tierra". Entre creer y no hacerlo, Ana decidió que no viviría con dudas y antes del entierro le partió los meñiques de las manos con un toquecito suave, imperceptible.

Catalina se había casado con Simón Cruz, un fogonero de los ferrocarriles. Meses después de la triste partida de la sobrina, recibió en su casa a una niña que llegó al mundo con un estrépito de garganta agudo y premonitorio. Eso fue el 21 de octubre de 1925. La llamaron Celia Caridad y empezó a crecer entre los ojos avizores de todos sus familiares: temían una historia idéntica a la de su prima. Tantos cuidados no pudieron evitar una enfermedad grave cuando tenía nueve meses.

Los amigos de la familia, en la calle Flórez, entre San Bernardino y Zapotes, del barrio Santo Suárez, se reunieron varias noches para velar la despedida de Celia Caridad. Todo estaba preparado en el solar para otro funeral de una recién nacida, cuando, una noche, la pequeña enferma despertó del sopor de las fiebres con un alto de voz que dejó atónito a todo el barrio. Se había recuperado y parecía que ahora lloraba más fuerte que antes. No había cumplido un año y su voz no pasaba inadvertida. Cada vez que lanzaba un grito de ese calibre, interrumpía a su mamá en los oficios de la casa y ella le decía con voz suave: "Ay, Celia, no cantes".

Pronto llegaron más hermanos. Con el nacimiento de Bárbaro y Gladys, la casa de los Cruz se llenó de correrías, juegos y niños que poco querían dormir. Celia todavía era una niña, pero ya tenía edad para darle una mano a su mamá, que no paraba de atender la casa. Su oficio era sencillo: arrullar a sus hermanos pequeños a la hora de la siesta. Lo hacía con rondas o entonando alguno de los sones que se oían en la radio. A veces, sin notarlo, terminaba en un concierto doméstico de improvisaciones sentidas. Los que pasaban por ahí solían quedarse oyendo y mirando desde el umbral de la puerta. "¿Quién canta?", empezaron a preguntarse algunos en Santo Suárez. Con los años, esos dos o tres que se quedaron viendo y los cuatro o cinco que se interesaron, se multiplicarían por miles. El canto ya era parte de su vida. El ambiente de la barriada había causado ese efecto.

Esa Habana era, como decía Alejo Carpentier, bulliciosa y parlera. Había pregones en cualquier esquina y en las aceras nunca faltaba algún dulcero anunciado por campanas. Había carros de frutas, decorados con palmeras como procesión en Domingo de Ramos, y "vendedores de cuanta cosa pudieran hallar los hombres". Lo de bulliciosa y parlera era, también, por la música que salía al paso en cualquier recodo de camino. Allí se oía son, aquella idea maravillosa que alguien tuvo en la región oriental juntando la guitarra y el tres.

Los instrumentos acompañantes —responsables de los sonidos graves—, como las maracas, el bongó, la marímbula y la botijuela, vinieron después. Para la década del veinte, el son era el ritmo de moda. En La Habana había sextetos, de toda estirpe y calidad, que se convertían en septetos solamente al agregar una trompeta. En contrapeso a estos formatos, surgieron los tríos. En 1925 el más consagrado era el Trío Matamoros, de Santiago, pero un par de años después lo igualó en popularidad el Septeto Nacional de La Habana, reunido en 1927. Esas dos agrupaciones crearon un estilo sonero definido que sería la principal influencia para los grupos de los años treinta y cuarenta.

El bajo encordado había reemplazado definitivamente a la marímbula y a la botijuela. A finales de los treinta, a partir de los septetos, surgió un nuevo formato de orquesta conocido como conjunto. Allí se reemplazó la guitarra por el piano y se agregaron dos o tres trompetas. Los conjuntos empezaron a mezclar el son con una expresión del siglo anterior: el danzón. Así surgió un nuevo estilo musical que llenaría los salones y pistas de baile y detonaría un amplio repertorio de ritmos. Hubo otras fusiones definitivas. Orestes López, contrabajista y pianista, compuso un danzón en 1938 para la orquesta de Antonio Arcaño, Arcaño y sus Maravillas, llamado mambo. En la década de los cuarenta, José Jorrín, flautista y violinista, creó el chachachá. Y Benny Moré fue el primero en agrupar el son con las orquestas de jazz.

Santo Suárez, como muchos suburbios en esa época, tenía su comparsa para los carnavales. Se llamaba La Jornalera y animaba a todo el barrio en época de fiesta. Aunque no hubiera carnaval, la música no paraba: una vecina de los Cruz oía bembé todo el día en la radio y cualquiera podía improvisar una cátedra callejera de son: el barrio estaba lleno de músicos. Celia empezó a interesarse en la música y el baile. Participaba en todas las actividades culturales de la Escuela Pública Número 6 "República de México". Los años de la primaria concluyeron con la ceremonia de Primera Comunión en la iglesia del barrio: La Milagrosa.

—Era una muchacha inteligente, no es porque sea mi hermana —recordaría muchos años después Gladys—. Estudió allí en las Oblatas; fue una muchacha inteligente.

En la Academia de las Hermanas Oblatas, Celia se matriculó para estudiar mecanografía, taquigrafía e inglés. Mientras aprendía a conjugar verbos y a escribir a máquina, oía con atención las canciones de Paulina Álvarez, la Emperatriz del Danzonte, quien cantaba el tema preferido de Celia en esos años: *Dulce serenidad*. Seguía sus canciones al pie de la letra y trataba de imitar sus giros y tonos. Con los amigos de la Academia empezó a frecuentar clubes juveniles, donde se iba a bailar, como Antillana o Jóvenes del Vals. Había música en vivo, y la joven estudiante empezó a ver de cerca a los cantantes. Se presentaban orquestas como la de Antonio Arcaño, una de las más ricas en ritmo durante los años cuarenta, y allí pudo ver por primera vez a la Emperatriz, su ídolo, quien cantaba con la orquesta de Senón González.

Un vecino del Santo Suárez, Francisco Gavilán, quien tocaba la marímbula, reunió a varios jóvenes del barrio y formó un grupo llamado El Botón de Oro. Celia entró a esa orquesta y empezó cantar en las fiestas de los vecinos. Una amiga suya, Evelia, tocaba las maracas. Eran las dos únicas mujeres del grupo. Los integrantes se distinguían por una flor —un botón de oro— que tenían en la solapa. Los empezaron a conocer en todo el sector. El grupo de Gavilán animaba cumpleaños, matrimonios y reuniones.

—A mí no me gusta que Celia ande cantando —protestaba Simón Cruz.

Pero la mala cara del padre no impidió que Celia siguiera en la música. Para no estar en contra de él se matriculó en la Escuela Normal para Maestros. Allí se graduaría. Pero antes de recibirse, su primo Serafín llegó una tarde a su casa con una idea que le cambiaría la vida. La abordó cuando acababa de llegar de la Escuela y le dijo: "Mira, Celia, mañana vístete, que te voy a llevar a la radio a un programa de aficionados". Ese sábado de 1940 Celia estuvo lista. Serafín la había inscrito en la Radio García Serra, que quedaba en la barriada vecina de La Víbora.

Llegaron antes de que empezara el programa a las cuatro de la tarde. Esperó su turno y, cuando le indicaron, se paró ante el micrófono y, en vivo, dejó salir un "Quiero emborrachar mi corazón, / para olvidar un loco amor /que más que amor es un sufrir". El tango *Nostalgia* estaba de moda y en la voz de Celia se oyó bien. Los jueces, al final, decidieron que ella era la ganadora y le dieron como premio una torta. La ganadora podía regresar tres semanas después para defender el triunfo ante los primeros de cada sábado y definir quién era el mejor en el programa de concurso *La Hora del Té*. En esa segunda interpretación cambió un poco el arreglo e interpretó nuevamente *Nostalgia,* pero no como un tango, sino llevando el ritmo con dos claves. Volvió a ganar. El premio fue una cadenita de plata.

—Ese número es bien lindo —recordó más de cincuenta años después—. Pero hay que agarrarle bien el tono, porque si no, o no se llega o se mete uno debajo de la mesa.

De ahí en adelante se convirtió en una habitué de los concursos. Ese mismo año clasificó en Radio Lavín para un evento grande llamado Los Reyes de la Conga, uno de los ritmos predilectos en salones de baile. El jurado estaba integrado por Rita Montaner, Gonzalo Roig y Rodrigo Prats, quienes, después de oír varias veces a los concursantes y evaluar su entonación y ritmo, determinaron que Celia Cruz era la Reina de la Conga. Su premio fueron 50 pesos de la época (equivalían a 50 dólares). El Rey fue Jesús Leyte, quien años después también sería un vocalista sobresaliente. Con ese título, Celia empezó a ser convocada a otros concursos. El programa más competido para aficionados era *La Corte Suprema del Ritmo,* porque se disputaba en la única cadena que en ese momento tenía alcance nacional: CMQ Radio.

"A mí no me gusta que Celia ande cantando", seguía protestando Simón, pero Celia veía la competencia de la CMQ como una oportunidad irrepetible. Al tiempo, sus estudios normalistas marchaban sin novedad y eso consolaba a su padre, quien veía en la música un oficio para mujeres de la vida. "Bueno, de la vida somos todos —explicó Celia después—, pero él se refería a otra vida: la mala". Ollita, como le decían sus hijos a Catalina, era la que mediaba y le decía a Celia, "Tú deja a ese negro así. No le hagas caso. Sigue adelante, que yo te apoyo". Compitió en CMQ con dos canciones: *Arrepentida* y *Mango mangue*, que cantó a dúo con Vilma Valle: con esa canción, de Gilberto Valdés, ganaron el primer puesto y dividieron el premio, de 50 pesos, por mitad.

Ese triunfo le abrió la puerta de esa emisora y, de ahí en adelante, siguió actuando con regularidad apoyada por la orquesta de planta. Empezó a ganar dinero para ayudar en su casa o comprarse los libros que necesitaba en la Normal. Algunas veces, el galardón era para toda la familia porque le entregaban una bolsa de víveres y mercado. Eran pobres. Igual que la mayoría en el país, que estaba en la crisis de la Segunda Guerra Mundial: Cuba había bajado sus exportaciones de azúcar y en La Habana, en cada bar y esquina, se podía encontrar un músico de calidad esperando ser contratado. Celia cantaba donde la engancharan. Empezó a participar en galas de la Sociedad Artística Gallega y en pequeños escenarios de la ciudad, como el Teatro Cuatro Caminos y el Belascoain.

Un partido político, cuyo objetivo era el despliegue cultural, adquirió la Radio Lavín y le puso un nuevo nombre: la Mil Diez. Allí la orquesta de planta era la Arcaño y también intervenían con frecuencia Arsenio Rodríguez y Miguel Matamoros con su trío. Celia entró a la plantilla de esta emisora junto a otras cantantes, como Elena Burke y Olga Guillot. Los solistas intervenían con la orquesta de Enrique González, donde tocaba el bongó Ramón "Mongo" Santamaría. Su nueva emisora le patrocinó giras por toda la isla. Viajaba con un pianista que, adonde llegaran, dirigía la orquesta local. Algunos, a la vuelta de los años, han convertido esos viajes en mitos y afirman que en varias oportunidades el pianista acompañante era Dámaso Pérez Prado, rey del mambo en México varios años después.

Los estudios como normalista terminaron. Se graduó como maestra, pero no ejerció. Con mucho tiempo libre para aprovechar, aceptó un trabajo en otra emisora: en la Cadena Azul-RHC. Allí conoció a la pianista Isolina Carrillo y montó varios números con ella. Gracias a los consejos de su nueva compañera, se inscribió en clases de música con énfasis en piano y solfeo en el Conservatorio Nacional de La Habana. Pero la decisión de entregarse de lleno a la música no estaba totalmente tomada. Su padre seguía en desacuerdo y Ollita seguía siendo su abogada en casa. Lo único que tenía claro era que cantaba y concursaba sólo para ayudar a su familia.

Varios consejos de amigas ayudarían a aclarar el panorama en las dos orillas. Por un lado, Carrillo le dijo que, con su voz, era conveniente que se inclinara por los ritmos afrocubanos y que no volviera al terreno de los tangos. Estuvieron de acuerdo y prepararon el tema *Que vengan los rumberos*. Del otro, comentó sus dudas con otra maestra, respecto al rumbo profesional que debería tomar, y su amiga le dijo algo que nunca olvidó: "Mira, chica, sigue cantando y olvida el magisterio. Lo que tú te puedes ganar en una noche, yo me lo gano en un mes".

La decisión estaba tomada. "Deja al negro, déjalo", le seguía diciendo su madre, quien fue trascendental en la vida de Celia, aunque no la persona que más la marcó en la infancia. Su tía Ana fue la persona más importante en esos años. Fue ella quien la crió y por eso las unió un amor profundo. El vínculo nació cuando la cantante era una bebé con fiebre. Ana revisó sus dedos meñiques: eran tan torcidos que parecían partidos. Desde ese día la tía estuvo convencida de que ella era su hija reencarnada. Celia, cuando oyó la historia, también.

Cuando salí de Cuba

—Mira, Simón Cruz —le preguntaban los compañeros de trabajo en el ferrocarril—, ¿esta mulata se parece a ti?, ¿no es familiar tuya?

—No —decía enérgico y quitaba de una palmada el periódico que le habían puesto enfrente para que viera la foto impresa—. Al papá de Celia le daba pena reconocerla como su hija ante sus amigos de trabajo porque consideraba que no era bien visto que una mujer cantara en clubes y emisoras. Ella era una de las voces más reconocidas de la isla porque ganaba concursos de canto, se oía en la radio y participaba en giras por todo el país. Dio el salto a los grandes espectáculos en 1946, cuando aceptó una oferta para trabajar en el Teatro Fausto.

Allí participó en la revista *Las Mulatas de Fuego*, al lado de Elena Burke, Vilma Valle y Xiomara Alfaro. Eran dirigidas por Roderico Neira, más conocido como *Rodney*, en un espectáculo que también se conocía como *Sinfonía en Negro y Blanco*, montado con música del compositor Bobby Collazo. Celia siempre recordaría su participación diciendo: "Yo era, qué te diría, la que alzaba la voz para que las mulatas alzaran la pierna". Sus números en este espectáculo eran *Pulpa de tamarindo*, *Puntillita* y *Meneíto pa'acá*. El *show* se prolongó por más de dos años y siempre tuvo buen guiño de la crítica, así como nutrida presencia de público.

Ese trabajo le permitió entrar al Cabaret Tropicana, donde era coreógrafo Rodney, y también firmó contratos con otros clubes prestigiosos, como Sans Souci y Montmartre. Las intervenciones de la cantante se daban con orquestas de catorce a dieciocho músicos y su arreglista más frecuente era Bebo Valdés. Sus primeras grabaciones son de esos años. Grabó una canción con el Conjunto Gloria Matancera: *Ocanosordi*; aquel tema sería popularizado años después por la Sonora Matancera en la voz de Bienvenido Granda. Y con Obdulio Morales y su Orquesta hizo un disco, publicado en Panart, de tambores batá interpretando los temas *Changó* y *Babalú Ayé*; los coros yoruba fueron de Alberto Zayas y en la segunda voz estuvo Merceditas Valdés.

El punto más alto al lado de Rodney fue su primera salida de Cuba para actuar y cantar. En 1948 *Las Mulatas del Fuego* salieron de su país a Ciudad de México y Venezuela. En Centroamérica empezaron a trabajar en el cabaret El Zombie. La gira se prolongó durante tres meses. Conoció a Toña La Negra y a otros artistas que años después serían su apoyo en el exilio. En Venezuela permanecieron dos meses y se presentaron en la Taberna del Silencio, en Caracas. Celia se separó unos días del grupo. Viajó a Maracaibo y se presentó con la Anacaona, una orquesta cubana femenina donde participaba Graciela Grillo, hermana de Frank Grillo, *Machito*, uno de los precursores del jazz afrocubano. En ese desvío también grabó con la Orquesta Melody y con la Sonora Caracas.

De regreso a Cuba, entró a trabajar en Radio Cadena Suaritos, al lado de Morales, haciendo coros en temas de música santera. En esta emisora se encontró con Alfaro Valdés y de ese encuentro quedó grabada la placa, en 78 revoluciones, con la rumba *Pa' gozá* por una cara y el chachachá *Qué jelengue* por la otra. En ese punto, su discografía naciente también incluía cinco temas con Ernesto Duarte y su orquesta: *El cumbanchero*; *Mambé* y *La mazucamba*, rumbas afro de Orlando de la Rosa; *Mamá Inés* y *Quédate Negra*, lamento afro del pianista Facundo Rivero. Celia se había favorecido de aquella norma impulsada por el Sindicato de Artistas de Cuba que, a finales de los años cuarenta, obligaba a que las películas extranjeras que se exhibieran en los cines se intercalaran con presentaciones de artistas nacionales.

Una tarde, cuando salía de una presentación en Suaritos, la saludó un desconocido con una propuesta atractiva. Celia lo recordaría con el nombre abreviado que utilizó para presentarse: Sotolongo. Era un publicista de Crusellas y Compañía, la firma que patrocinaba la presentación, en vivo, todos los días a las seis de la tarde, de La Sonora Matancera en Radio Progreso. La conversación fue corta. Rafael Sotolongo le aconsejó buscar la forma de entrevistarse con el director de la orquesta, Rogelio Martínez, porque en esos días empezarían a buscar el reemplazo de Mirtha Silva, quien se había dado como límite ese 1950 para renunciar y regresar a Puerto Rico. La fama que ya tenía en esos días le alcanzó para que le llegara ese ofrecimiento por boca de un fulano.

—Oye, Simón —volvían a preguntarle—, esta negra de este disco se parece a ti, ¿no es una de tus hijas?

—No, caballero, no es —volvía a negar, mientras su hija se

preparaba para presentarse ante el director de la Sonora Matancera.

Ollita la seguía apoyando porque su carrera ya era una realidad y la posibilidad de cantar o grabar en esa orquesta sería definitiva. La Matancera no era, todavía, el conjunto que fue años después, pero en esos días contribuía a la banda sonora de la cotidianidad de La Habana por pertenecer a una de las emisoras más oídas: era titular de Radio Progreso. Bienvenido Granda y Daniel Santos, con sus voces y boleros, estaban entre los más reconocidos. El camino más seguro para buscar la cita era a través de Rodney. Luego de la gira, el coreógrafo de cuando en cuando la llamaba para actuar en el Tropicana. Celia aceptaba los llamados y participaba en los montajes a pesar de que la cantante estrella de ese club era Rita Montaner.

—Después de que me buscó Sotolongo, lo vi una sola vez, en Venezuela —recordaría Celia varias décadas después—, y cada vez que hablo de él, porque me lo preguntan, le pido a Dios que ese señor exista, porque por él yo estoy aquí.

El coreógrafo conocía al director porque la Sonora era una de las orquestas que animaban el Tropicana. Igual, era posible que Martínez no se acordara de él y que todo se fuera al traste en un "perdón, ¿quién es usted?". Por eso acudió a un amigo en común que podría presentarlos. El encuentro se dio un par de días después a la salida del Teatro Blanquita, donde la Sonora ensayaba. Martínez dijo que sí, que la llamaría después para oírla cantar, y se despidió. Nunca la llamó. Celia decidió ir a buscarlo a Radio Progreso para insistirle. Fue un lunes de julio por la mañana. Llegó antes de las once. El único que estaba era el segunda trompeta. La recibió. Hablaron. Ella le contó que pensaba reemplazar a Mirtha y que traía dos números para probarse.

El hombre le explicó que esas canciones, que habían sido cantadas por Celia con la orquesta de Radio Cadena Suaritos, no podían ser interpretadas por la Matancera porque era un conjunto pequeño. Los temas eran *No queremos chaperones* y *El tiempo de la colonia*. Cuando llegó Martínez, el encuentro se hizo más fácil, gracias a la confianza que Celia tejió rápidamente con el trompetista. El director le ordenó al arreglista, Severino Ramos, que hiciera la adaptación y los ajustes de orquestación. Programó la audición para el 3 de agosto.

El encuentro con el trompetista amable resultó favorable. Era Pedro Knight, hijo de Orozco Piedra Knight y Amalia Caraballo, y el mayor de cuatro hermanos. Había llegado al conjunto en 1944 y junto con Calixto Leicea eran considerados los mejores y más potentes cobres de los conjuntos de la isla. En su entorno se tejieron habladurías como que, en el estudio de grabación, utilizaban platones con agua para aumentar la sonoridad de sus instrumentos. Años después, Celia y Pedro se casarían y solamente los separaría la muerte.

—Pedro se sentaba —lo evocó Celia pasados los años—, las manos sobre su trompeta, en una limosina muy bonita que tenía la Sonora. Y venían un montón de muchachas blancas, chinas y de todos los colores alrededor de él. No se vayan a creer que Pedro era suave y bajito de sal... Lo que pasa fue que yo me lo quedé.

Esa limosina era tipo Antique, gris con verde. El día de la prueba, Celia se dio cuenta de que no conocía a ninguno de los nueve integrantes. A Lino Frías, el pianista, lo había visto pero no recordaba bien cuándo ni dónde. En realidad se habían cruzado en las puertas de algunas emisoras cuando él pertenecía a la orquesta de Arsenio Rodríguez y ella ganaba concursos de canto. Esa era la única cara un poco familiar en el primer contacto con la Sonora en pleno. No obstante, minutos después, las distancias se hicieron trizas cuando sonaron los primeros acordes. La correspondencia fue total. Martínez, contento con la calidad de la cantante, ordenó que prepararan más números y que empezaran las intervenciones en Radio Progreso.

Esta sonora había sido fundada en 1924, en Matanzas, primero como un sexteto y luego como una estudiantina, bajo la dirección de Valentín Cané Pérez. En 1927 llegaron cargados de instrumentos y sueños a la capital y empezaron a hacerse populares, paso a paso, amenizando bailes en academias y reuniones sociales. En 1932 adoptaron el nombre de Sonora, con el que permanece hasta estos días. Se conocen así porque las notas del pentagrama, al ser interpretadas, se oían nítidas y sonoras. Su primer contrato para presentaciones en vivo en Radio Progreso fue por un lapso corto, pero se extendió luego hasta 1960. Cuando la orquesta salió para el exilio, todavía estaba unida. Martínez, quien empezó como guitarrista, había asumido la dirección empezando la década de los cuarenta. Con la entrada de Celia, la Sonora lograría su época de mayor popularidad porque se formaría un binomio armónico de éxito y sonoridad conocido en el mundo entero.

El público no la recibió bien. En parte porque extrañaban a Mirtha y sentían el vacío; también por su color de piel. Las diferencias entre las cantantes eran notorias. Mientras la boricua hacía interpretaciones picarescas, la cubana era vista como una figura muy seria. Su principal fortaleza, que era la potencia de voz, no era tenida en cuenta. El rechazo se sentía a través de cartas y llamadas a la emisora. La cantante estaba desalentada, pero Martínez le daba ánimo y algunas veces no le mostraba las misivas que llegaban en su contra. Ella estaba segura de que no se retiraría, pues era el pilar económico de su familia.

—Oye Simón, vimos a alguien parecido a ti saliendo de la CMQ, ¿tienes una hija cantante? —le insistían al fogonero, quien, seguía negando en serio.

Mientras tanto, lograr la simpatía fue una tarea larga para su hija. Las casualidades no la favorecían. Un día, cuando ya había grabado, se presentó en televisión para hacer mímica de ella misma. No ensayó por falta de tiempo y, a la hora de la transmisión, la boca iba por un lado y la música por otro. La crítica fue implacable. La escasa popularidad contrastaba con el ambiente interno: la afinidad iba en alza. Al final de ese año el director decidió que grabaría un disco con Celia. La idea no fue bien recibida por la disquera. Cuando Sidney Sieguel, dueño y presidente de la Seeco, compañía norteamericana con la cual la Matancera tenía contrato de exclusividad, se enteró de que Rogelio quería hacer esa grabación, le preguntó si se había vuelto loco.

Los discos en la isla eran un proyecto reciente. Habían llegado gracias al ingeniero cubano Ramón Sabat, quien conocía toda la tecnología porque había trabajado en la RCA-Víctor y en Columbia, en Estados Unidos. El primer estudio se montó en San Miguel 410. En 1944 la empresa Panamerican Art (Panart) abrió sus puertas y se convirtió en la pionera de las casas disqueras cubanas. La Sonora fue protagonista de esa novedad y con ella conoció sus primeras placas hechas en casa —ya había grabado con la RCA—. También imprimieron grabaciones del Cuarteto Nacional y la Orquesta Ideal. La Sonora grabó varios discos con canciones como *De rama en rama* y *Tumba colorá*. Años después, la firma con Seeco fue el principio de la internacionalización.

Martínez quería que Celia grabara su primer disco. Los años demostrarían que su olfato siempre triunfó cuando apostó por voces que nadie habría atendido. Le dijo a Sieguel que si no aceptaba, de todos modos lo haría con otro sello. El empresario finalmente aceptó, con la convicción tácita de que sería la primera y la única grabación. En enero de 1951 se editó el disco en la emisora CMQ. Traía por un lado la canción *Mata siguaraya*, afro de Lino Frías, y por el otro *Cao, cao, maní picao*, guaracha de Estanislao Servia. El estribillo "Arriba e la tabla maní picao, cao, cao", se empezó a repetir en bailes y clubes. El amor del público de la Sonora y el éxito empezaron, por fin, a recorrer un camino de rosas.

Sieguel oyó el sencillo y, al día siguiente, viajó a La Habana para firmar un contrato con Celia Cruz. Los problemas del hogar parecían estar llegado al final gracias al sueldo como cantante en la Sonora, aunque no era empleada de planta, a los honorarios por presentaciones en el Tropicana (donde, finalmente, destronó a Montaner) y a lo que ganaba por las participaciones en televisión. Poco a poco, y con pasos firmes, se convirtió en una de las figuras más sobresalientes de la noche habanera. Empezó a compartir el escenario con estrellas como Beny Moré —con quien cantó a dúo en una presentación— y la diva norteamericana Josephine Baker.

Sus presentaciones más recordadas de esa época son las que integró en el Sans Souci, en un espectáculo titulado Maracas en la Noche, y en el Tropicana, donde participó en el montaje Pregón negro, danzonete, bembé santero. Se presentó también en los clubes Tambú y Topeka, y en el Teatro Encanto. Ese mismo año repitió sus salidas de la isla y viajó tres veces a Haití con la Sonora, donde ya gozaba de una fanaticada maciza y ferviente. No fue difícil que Martínez permitiera nuevas grabaciones con Seeco y antes de terminar 1951 ya había popularizado varios éxitos que serían cantados por varias generaciones: *Tatalibabá*, *La guagua*, *La danza del cocoyé* y la guaracha *Ritmo, tambó y flores*, donde Celia abruma en un tono alto con aquel "Me llaman la contentosa, porque yo soy jardinera".

Para el año siguiente su voz empezó a figurar en las cuñas y jingles que promocionaban todo tipo de productos. Algunas veces mantenían el ritmo de sus canciones exitosas, pero reemplazaban la letra por las características de un detergente o una cerveza. Hay quienes afirman que por esos días el novio de Celia era el bajista Alfredo León, hijo de Bienvenido León, integrante del Septeto Nacional. Lo cierto es que la relación afectiva entre Celia y Pedro empezaría sólo en 1953. Ese año las giras se prolongaron a Colombia, Costa Rica y

Panamá, donde el sonido de la Matancera ya tenía prestigio e identidad. En varias de esas presentaciones hubo desórdenes del público eufórico que quería estar cerca de la orquesta.

—Mira, chico, Simón, no te pongas mal, pero es que algunos trabajadores del ferrocarril tenemos una apuesta: queremos saber si Celia Cruz, la que canta con la Sonora Matancera, es algo tuyo.

Para 1954 se imprimió una canción que resumía la presencia de Celia en la orquesta: la guajira *En el bajío*, interpretada a dúo con Estanislao Sureda, conocido como *Laíto*. Al final de esa canción hay una improvisación en la que él le dice: "Celia, tú eres guarachera / yo en la guajira te arrastro, / pero si tú sabes tanto, / caramba, / ven y canta lo que quieras, / guajira bonita, no me hagas sufrir". Ella, luego de un grito que podría ser de ópera, le contesta: "Laíto, yo no he querido / invadir tu territorio, / pero tengo repertorio / y así quedas complacido sí". Como quedó claro en esos versos, su especialidad era la guaracha, pero podía interpretar cualquier ritmo como la guajira, el guaguancó, la conga, el montuno, el bembé, el afro y el ritmo omelenko, un nuevo sonido que la Sonora posesionaba y que se lograba con tres tambores batá, un quinto y un tumbador.

En esos días la actualidad política de la isla era efervescente y definitiva. Fidel Castro era conocido por participar en la escena desde finales de los años cuarenta y porque se hizo a las armas revolucionarias en respuesta a que Fulgencio Batista subió al poder derrocando a Carlos Prío Socarrás. Su movimiento de lucha se llamó 26 de Julio y fijó su base de operaciones en la Sierra Maestra, junto a su hermano Raúl y al argentino Ernesto Guevara, conocido como *el Che*. El entonces presidente, Batista, promovía el turismo y la inversión extranjera. Ciudadanos norteamericanos eran dueños de muchos medios de producción de la isla y la vida nocturna de La Habana empezó a fascinar a estadounidenses y viajeros de todo el mundo. Las fiestas en el Tropicana y las coreografías de Rodney se hicieron un mito.

En mayo de 1957, Celia y la Sonora alcanzan su logro artístico más importante hasta ese día. En el Teatro Puerto Rico, de Nueva York, recibieron un disco de oro por las ventas de *Burundanga*, un bembé de 1953 adaptado de una suerte de trabalenguas popular también conocido como *Morondanga*. Era la primera vez que Celia pisaba la ciudad que, varios años después, la recibiría como ciudadana. Pasarían muchas grabaciones antes de que se igualara el impacto que causó *Burundanga*. La única canción que en la historia de la Sonora la superó en ventas fue *El negrito del batey*, del dominicano Medardo Guzmán, en la voz de Alberto Beltrán. Celia, en esta interpretación, después de una fragorosa descarga de Pedro y Calixto, dice:

Songo le dio a Borondongo.
Borondongo le dio a Bernabé.
Bernabé le pegó a Muchilanga,
le echó burundanga,
le jincha los pies.

Ese éxito confirmó la versatilidad de Celia para cantar letras enrevesadas y sonoramente confusas. Lo había hecho un año antes, también, con la guaracha *El yerbero*, donde después de una fanfarria decía: "Se oye el rumor de un pregonar, que dice así, el yerberito llegó... llegó". Luego lanzaba varias recetas medicinales con yerbas, recomendando, entre otras, que la ruda es buena "pa'l que estornuda. Traigo yerba santa —cantó— pa' la garganta; traigo abrecamino pa' tu destino. También traigo albahaca, pa' la gente flaca; y con esa yerba se casa usted, yerbero". Los frutos de su trabajo empezaron a verse con el premio que le entregaron ese final de año: fue elegida como la mejor cantante típica de la isla.

Castro, desde las montañas, seguía con su lucha revolucionaria y se había propuesto llegar al poder. Sus propuestas se basaban en una reforma agraria que buscaba distribuir equitativamente los predios de más de 460 hectáreas y en una reforma laboral que permitiría mejores beneficios para los obreros. En 1958 Fidel, desde la clandestinidad, promulgaba leyes y formaba cortes marciales para su ejército rebelde y los habitantes de las zonas controladas. Batista había perdido popularidad y hasta la Iglesia pedía su dimisión. El ambiente empezaba a ser la antesala de una guerra civil.

Las giras y la popularidad de la Sonora Matancera seguían en alza y pronto se agotarían los destinos en el continente. Para contratar a la orquesta, la mayoría de empresarios ponían como condición la presencia de Celia. Las intervenciones de ella en Radio Progreso eran cada vez más escasas, pero, en cambio, siempre participaba cuando había una presentación en CMQ o una gira internacional. En una visita a Puerto Rico, Celia conoció al cantante Ismael Rivera y compartió escenario con él, acompañados por la orquesta de Rafael Cortijo: Cortijo y su Combo.

Desde San Juan, volvió a Nueva York y actuó en el Palladium. En ese inmenso salón, por esos días, se gestaba un enroque de movimientos musicales que desembocaría en dos corrientes tutelares de los ritmos caribeños: el jazz latino, en primera instancia, y la salsa, como una mutación extraña del anterior. Quedaba en Broadway con calle 53, y acababa de salir de una decadencia casi mortuoria gracias a que los conjuntos cubanos y su música llenaron el vacío que había dejado la extinta fiebre del fox-trot y el swing, a finales de los años cuarenta.

En menos de diez años Celia había alcanzado la cumbre con su orquesta. Su secreto se convertiría en un rasgo permanente el resto de su vida: escogía los temas que grababa y lo hacía, algunas veces, en contra del director de la orquesta, los músicos o la disquera. Además de su voz, su talento se sustentaba en ese gran olfato para saber cuándo un tema podía ser un éxito. Para que su ritmo no se tornara monótono, no grababa con un solo arreglista, sino que procuraba probar con varios estilos. Por eso no sólo era Ramos, el arreglista titular de la Sonora que adaptó su primeros temas, quien configuraba sus canciones. También les pedía ayuda a otros, como Niño Rivera y Roberto Puente.

El jueves 1 de enero de 1959 el ejército revolucionario de Castro entró a La Habana. El avance se venía dando desde unos meses atrás y en otras poblaciones se había combatido a muerte contra las fuerzas militares oficiales. Ante la ocupación de La Habana, Batista firmó su dimisión en Columbia, la base militar de la ciudad donde se resguardaba. Su fue para Santo Domingo con el jefe del Estado mayor, el de la Marina y el de la Policía. También renunciaron a su cargo el vicepresidente de la República y el vicepresidente del Senado. A las ocho de la mañana la noticia ya se conocía en todo el país. En los días siguientes los nuevos gobernantes tomaron control de las poblaciones donde todavía había focos de resistencia. La isla no volvería a ser la misma.

Después de ese día la noche cubana cambió. Los clubes y cabarets empezaron a ser propiedad del Estado y se clausuraron muchos sitios donde actuaban músicos. La nueva administración del país no tenía una buena relación con Estados Unidos y la llegada de turistas empezó a disminuir. La Sonora Matancera, igual que otros grupos musicales, se había entusiasmado con el cambio. Algunos coleccionistas afirman que, en la Radio Cadena Habana, con la voz de Celia, quedó grabado un tema llamado *Guajiro, llegó tu día*, donde el saludo a las promesas del nuevo gobierno era claro: "Reforma agraria es el grito / que Fidel lanzó en la sierra / que estremece a Cuba entera / y a América también".

El declive de la vida nocturna obligó a que los grupos musicales, más que nunca, salieran a buscar trabajo en otros países. Al final de 1959, el 12 de diciembre, Martínez se fue a México en busca de contratos. Logró varias presentaciones en el teatro Lírico de Hernández Zabala y en el Terraza Casino, de Pepe León. En mayo del año siguiente, el martes 10, Celia grabó con la Sonora los que serían sus últimos temas en Cuba. Cantó *No me mires más, Ya te lo dije, Mágica luna, Caramelo*, con aquel célebre "yo traigo los caramelos, / sobrosos pa' tu boquita", y una canción que terminaría siendo una despedida simbólica: *Mi cocodrilo verde*, donde hay una alusión al extraño parecido del mapa de la isla con la forma del reptil.

Durante 1960 Castro ordenó confiscar, sin indemnización, bienes norteamericanos valorados en más de 800 millones de dólares. Esa sería la puntada definitiva para que, meses más tarde, se rompieran las relaciones entre ambos países. Ese año Fidel también se presentó ante las Naciones Unidas, en Nueva York, y en un largo discurso intentó exponer lo que él consideraba la realidad cubana. Lanzó dardos políticos contra Estados Unidos y defendió las posturas soviéticas.

Varios años antes del viaje definitivo, las dudas de Simón se habían acabado. Los prejuicios le abrieron el paso al orgullo de padre y ella recordaría esa actitud con cariño. "Esta bien, caballeros —les dijo a sus compañeros del ferrocarril—, ya no me pregunten más. Esa es mi hija, se llama Celia Caridad y estoy orgulloso de ella".

El 15 de julio, la Sonora —con todos sus músicos—, Celia y las integrantes de Las Mulatas de Fuego se subieron en un avión con destino México. Iban a cumplir el contrato que Martínez había logrado meses antes. Para evitarse problemas legales con el nuevo gobierno, debían volver al país antes de tres meses. Todos creían que el viaje sería por un mes, pero los esperaba un año y medio de presentaciones en teatros llenos. El recuerdo más profundo que le quedó a Celia de esa despedida fue el rostro de tristeza de su madre, quien se despidió moviendo la mano e hizo una bendición despacio: ya estaba enferma de cáncer. Un médico le había dicho que Ollita sólo viviría dos años más y, con muchos cuidados, cuatro.

—Me fui, primero, porque no me gustaba lo que estaba pasando —dijo Celia recordando ese día—. Y salí a buscar dólares para que Ollita pudiera comer lo que le gustaba: su langosta, los camarones, la carne. Pero yo no pensé que iba a estar tanto tiempo fuera.

Nunca regresó. El plazo se cumplió y para volver tenían que solicitar un permiso al gobierno. Ella advirtió que jamás pediría visa para regresar a su país: murió sin volver a ver a sus padres. El malecón y el olor a tabaco se hicieron pequeños tras la ventanita. Rogelio se abrió paso entre las caras largas y lanzó una frase con vaticinios exactos: "Siento que es un viaje para siempre".

Con azúcar, chico, con azúcar

—¿Que no me entere de qué, Perucho? —preguntó Celia y su esposo no pudo disimular con las manos, el ceño ni los ojos. Deslizó la bocina telefónica y se lo confesó.

Fue el 7 de abril de 1962. Ollita había empeorado. Cuando no estaba bajo los efectos de la morfina, pues el cáncer se le había convertido en constantes dolores terribles, la comunicaban por teléfono con su hija. Se decían quiero verte. "Bueno hija, yo sé que no se puede", le decía Catalina, quien nunca le recriminó sus decisiones. Celia, esa noche, tenía una presentación en el teatro Puerto Rico, de Nueva York, junto a Armando Manzanero, Lucecita y Lucho Gatica. Venía de arreglarse las uñas y oyó cuando Pedro, que le daba la noticia a una amiga, decía: "Celia todavía no se puede enterar".

Era una de sus primeras presentaciones como solista en esa ciudad. Después de su salida de La Habana con la Sonora Matancera no regresó porque no estaba de acuerdo con lo que pasaba en la política de la isla: se convirtió en una exiliada del sistema de Fidel Castro. El panorama, para su gusto, había empeorado. Después del embargo a las propiedades estadounidenses, los países rompieron relaciones definitivamente en los primeros meses de 1961. Con el antecedente de la expropiación, la Central Intelligence Agency (CIA) y el Pentágono, de los Estados Unidos, fomentaron una invasión de emi-

43

grados cubanos —en Bahía Cochinos, por Playa Girón— que fracasó.

Luego de ese intento, Castro declaró a Cuba primera república socialista de América e intensificó sus relaciones con la Unión Soviética. En octubre de 1962 el gobierno de Estados Unidos denunció la instalación de cohetes atómicos soviéticos en Cuba y ordenó el bloqueo total de la isla. Fueron días de tensión mundial que se resolvieron con diálogo directo entre Washington y Moscú: los misiles fueron retirados. El sitio a la isla se despejó, pero se mantuvo un bloqueo económico que traería graves problemas en el futuro. Castro se hizo el peor enemigo de su vecino cercano.

Celia estaba en Nueva York luego de arrasar artísticamente en México, donde el primer álbum con la Matancera se llamó *A ti México*, como un gesto de agradecimiento. Las presentaciones que tenía seguras cuando salió de Cuba se convirtieron en una gira nacional porque se integró al viaje musical de Toña la Negra y participó en la película *Amorcito corazón*, estrenada el 30 de marzo de 1961. Su papel consistía en interpretar el bolero mambo *Tu voz*, al tiempo que los créditos rodaban.

Esa canción se convertiría en uno de sus mayores éxitos en el país azteca. Sus seguidores quedaron seducidos cuando Celia, acompañada por la Sonora, dudaba: "No sé que tiene tu voz que fascina. / No sé que tiene tu voz tan divina. / Que en mágico vuelo le trae el consuelo / a mi corazón. / No sé que tiene tu voz que domina / por embrujo de magia mi pasión. / Tu voz se adentró en mi piel / y la tengo presa". Esta película se sumó a la filmografía de la cantante, que había empezado en su país con *Una gallega en La Habana* (1955) y *Olé Cuba* (1957).

Tres meses y siete días después de aquella noticia infausta que Pedro no pudo evitar, el trompetista recibió el sí a una propuesta definitiva. Le pidió que se casaran luego de un noviazgo de nueve años. Tuvieron que acomodar la boda entre la apretada agenda de presentaciones. Estaban trabajando en un teatro del Distrito Federal mexicano y a media temporada, una noche, un enviado de la Sonora empezó a avisar, camerino por camerino, que no hicieran compromisos para esa noche porque, después del espectáculo, se casarían Celia y Pedro. Fue un matrimonio civil, y toda la compañía musical fue testigo. Se juraron amor eterno. Y cumplieron. "Fue una ceremonia muy linda: estaban en el escenario rodeados de sus compañeros artistas de todas las categorías", recordó Marco Antonio Muñiz, quien fue invitado esa noche. La celebración terminó temprano. No tuvieron luna de miel hasta que terminaron ese contrato.

—Los primeros años son los más duros porque son los de ajuste —reconoció Pedro mucho tiempo después—. Uno está acostumbrado a vivir solo, entonces tienen que venir ajustes. Pero tiene que haber respeto.

Su matrimonio era la materialización de la felicidad, pero, en contraste, el exilio no había sido conveniente para la relación de la cantante con su orquesta. A pesar de que las presentaciones no cesaban, Celia sentía que la promocionaban poco y que los discos donde ella participaba podrían venderse mejor. En 1964 grabó *Sabor y ritmo de los pueblos* y este álbum de larga duración sería el último trabajo de este binomio que había producido éxitos por cerca de quince años. El trabajo incluía, entre otros, temas como *Rinkinkalla, La milonga de España, Traigo para ti* y *Venga la charanga*. Su esposo se encontró, entonces, en un cruce de caminos: seguir en la orquesta o irse con su esposa. Eligió caminar por el amor. Dejó atrás veinte años de música para cuidar la nueva carrera que iniciaba su esposa.

—Era o tocar trompeta u ocuparme de los negocios de ella —confesó después—. Yo ya conocía esos tejemanejes y sabía que un artista no se puede manejar él mismo porque es demasiado sensible, le echan un llorao y termina trabajando gratis siempre.

Celia se fue luego de grabar 188 canciones. La disquera no quería perder a Celia y le propuso grabar como solista. Salió al mercado, en 1965, *Canciones que yo quería haber grabado primero*, con el pianista René Hernández, pero la idea de que le hacían poca promoción siguió rondando su cabeza. Estaba desanimada y, sin que lo buscara, se encontró con un amigo distante a quien había conocido en La Habana por los años de los mayores éxitos con la Sonora: Tito Puente.

La sede de Puente era Nueva York, donde había nacido el 20 de abril de 1923, en East Harlem. Era un timbalero con orquesta propia que participaba asiduamente en el Palladium, que otra vez estaba de moda y recibía músicos caribeños. Su nuevo público eran los bailadores de Broadway. La orquesta de Frank Grillo fue la precursora de ese cambio. Se llamaba

Machito y sus Afrocubans y el director musical era Mario Bauzá. Su especialidad era la fusión de los ritmos de Cuba con los giros y armonías del jazz. Esa mezcla generó el jazz latino, y Bauzá es reconocido como su creador. La primera orquesta que alternó con la de Machito fue el conjunto The Picadilly Boys, un grupo pequeño liderado por Tito, quien para ese tiempo también era timbalero del Club Copacabana en la orquesta de Fred Martin.

Puente, que respaldaba la calidad de sus interpretaciones con un título en la Escuela Julliard, tan pronto renació el Palladium amplió los Picadilly y los convirtió en la Orquesta de Tito. Con esa nueva agrupación impuso su estilo particular, basado en la relevancia del instrumento que manejaba. En la década de los cincuenta ya era conocido como *el Rey del Timbal*. El triunvirato del Palladium era completado, además de Machito y Puente, por Tito Rodríguez, el vocalista que logró convertirse en el más reconocido de todos los cantantes del Caribe. El Palladium tendría un segundo entierro, porque en 1964 las autoridades prohibieron la venta de bebidas alcohólicas. Para el día en que Celia se reunió con Puente, el timbalero ya había lanzado los discos más importantes de su carrera: *Ran kan kan*, donde la canción que le daba título al álbum se hizo un éxito inmortal; y *The World of Tito Puente*, de donde fue inolvidable el *Oye cómo va*.

La situación política en Cuba influyó directamente en el ambiente musical latino que se vivía en Nueva York. Igual que Celia, otros músicos estaban en Estados Unidos prestos a hacer lo que sabían: José Fajardo y su Orquesta, Arsenio Rodríguez y Vicentico Valdés, entre otros, firmaban cualquier contrato sin reparar en muchos detalles. Puente era un artista del sello Tico, competencia de Seeco, y antes de reunirse con Celia había tenido una voz femenina en su orquesta. Grabó con La Lupe en 1964 y revolucionó el ambiente. De la fastuosidad que había logrado con el jazz latino tuvo un giro hacia el canto marginal, desprevenido y poco académico. Los ortodoxos se lamentaban, pero La Lupe, conservando el estilo que la había dado a conocer diez años atrás, acercó la melodía al barrio y a la esquina. Las guarachas, bombas y sones de esta cantante serían, años después, parientes cercanos de la llamada salsa.

Entre todos los ritmos, el más tocado era la pachanga, cuyo máximo exponente era Rodríguez. Su repertorio estaba compuesto por clásicos cubanos en los que hacía brillar las voces. Machito decidió, finalmente, asumir la línea del jazz. Con el cierre definitivo del Palladium, ya no había un club grande para el derroche, y las orquestas se fueron reduciendo para entrar en pequeños locales. Allí se abrió paso la charanga, donde brillaba el violín por su sonoridad. Luego de Tito, La Lupe siguió por su cuenta y el timbalero, en 1966, publicó su primer disco con Celia Cruz. Este trabajo implicó un cambio radical para ella. Renunció a la que había sido la disquera de toda su vida: ahora era una estrella de la Tico. En el sonido no se alejó de lo que hizo con la Matancera, aunque estuvo de visita por otros ritmos. Ya la conocían como la *Guarachera de Cuba* y se mantuvo en esa línea.

El álbum se llamó *Cuba y Puerto Rico son*, y el primer corte, de doce, se tituló *La guarachera*. Fue una bienvenida al nuevo ambiente. "Abran paso que aquí traigo yo / en mi voz un saludo cordial / guarachera me llama la gente, / yo con Tito Puente voy a guarachear. / Vengan todos a oírme cantar, / con mi coro que viene allá atrás, / yo sí soy guarachera consciente / y este rico ambiente me pone a inspirar". Luego de esa primera estrofa, una descarga de vitalidad escrupulosa deja claro que los parámetros serán los mismos en esta nueva etapa. "Guarachera bongó", dice el coro, a lo que Celia responde con una improvisación: "Bongó, bongó, que la rumba". Entonces le plantea un reto al timbalero. "Oye, Tito Puente, guarachea conmigo p'a ve si es verdad, chico". Y le lanza varios solos de voz que son imitados, idénticos, por la paila del director. "Este niño, estás en algo", concluye Celia.

Todo el disco, producido por Pancho Cristal —un reconocido protagonista de la producción musical a quien muchos le dedicaron canciones—, resultó un buen catálogo de la versatilidad de la cantante: recorría desde cumbia colombiana hasta rock, pasando por el ritmo veregua y el merengue salve. En el bolero *Me acuerdo de ti*, Celia hizo un reclamo nostálgico de su Cuba. En ese disco completaba seis años de exilio y se notaba el dolor. "Como me acuerdo de ti / mi linda Habana querida, / de Santiago y Camagüey, / Cienfuegos y Santa Clara", cantó en la primera parte. Al final, y con un sostenido esplendoroso, sentenció: "Yo he de regresar a Cuba". No sería la última vez que, melancólica, le cantara a su tierra.

Fue el primero de siete trabajos con Puente. Algunos afirman que, salvo el primero, no causaron mayor impacto en el público latino de Estados Unidos porque no hubo buena promoción. Los otros acetatos fueron: *Son con guaguancó* (1966), donde grabó la primera versión de *Bemba colorá*; *Quimbo Quimbumbia* (1969); *Etc., etc., etc.* (1969); *Alma con alma* (1971), de donde se recuerda la canción *Mi bohío*; *En España* (1971), con la rumba flamenca *Sabor gitano*; y *Algo especial para recordar* (1972), que traía nuevas versiones de *Cao, cao maní picao* y de su gran éxito romántico con la Matancera *Dile que por mí no tema.*

En esos discos, cada vez que fue posible, fijó su posición en contra de Fidel Castro. En *Quimbo Quimbumbia* ocurre en dos temas. En *Yo soy la voz*, de Rudy Calzado, empieza diciendo "Soy de la Cuba de ayer", y más adelante demanda: "Soy libre como el viento / y con mi canto sincero / mi voz alzo en el destierro, / con profundo sentimiento". Otro llamado general a la resistencia lo canta en *Yo regresaré*, de Luis Demetrio, donde los versos dicen: "Sé que algún día yo regresaré / a ti mi Cuba hermosa / volveré". En la parte final deja de cantar y, hablando, con la música de fondo, conmina a sus compatriotas: "Queridos hermanos, no podemos ni debemos perder la esperanza. La razón y Dios están de nuestra parte, por eso es que les repito que volveremos a nuestra Cuba hermosa".

Su posición política estaba clara, aunque con los años se le criticó que, al tiempo que descalificaba, enviaba dinero a sus familiares. También estaba clara su situación laboral. La crisis que pudo llegar por la sobreoferta de músicos exiliados fue, para su caso, sólo un fantasma. Fueron días de trabajo intenso. Al mismo tiempo que producía con Puente, grabó con la orquesta de Memo Salamanca e interpretó dos discos como solista; todo para la Tico. Con Salamanca imprimió, en total, tres larga duración. El primero fue *Bravo* (1967), logrado en compañía del pianista cubano Juan Bruno Tarraza, donde incluyó una versión de la popular *Guantanamera*. Luego vino *A ti México* (1968), conformado por dos popurrís de canciones mexicanas, entre ellas *Cucurrucucú paloma*. *Nuevos éxitos* (1971) fue su último trabajo con Salamanca e incluye una versión de *La Bikina*. Sus dos trabajos como solista fueron *Serenata guajira* (1968), donde el bolero *Cuando salí de Cuba* cuenta algo de su historia; y *La excitante* (1969), con un número en honor de la patrona de su tierra: *A Santa Bárbara*.

Fue un pasaje artístico importante para Celia, y los números de esos días serían recordados por la libertad en el sonido y por los reclamos políticos y melancólicos. En esa época se le ocurrió el estribillo que se convertiría en su exclamación predilecta en la correría musical. Fue su sello personal para identificar sus interpretaciones y el símbolo de su personalidad. En la canción *No hay un solo amigo*, también de *Cuba y Puerto Rico son*, escrita por Eliseo Grenst, apenas termina el guaguancó y, cuando la orquesta ya está en silencio, Celia deja salir un "¡azúcaa!". El dulce saludo es lo último que se oye de la canción. Fue la primera vez que, en una grabación, puso esa rúbrica. Se le había ocurrido varios años antes de grabarla.

Fue en Miami, en 1964. Estaba comiendo en un restaurante cubano y un mesero le preguntó si quería café. Ella respondió que sí.

—Todos los negros tomamos café —le dijo.

—¿Con azúcar?— volvió a interrogar el mesero, a lo que ella le replicó:

—Tú eres cubano, ¿cierto? Tú sabes bien lo fuerte que es el café de nosotros, ¿cierto? ¿Cómo me preguntas eso, chico?

Esa noche tenía una presentación, sin otros artistas, en un teatro de la ciudad. Ella y los cantantes de su generación acostumbran bajar la intensidad en la mitad de un espectáculo muy largo para que sus músicos puedan descansar. En ese intermedio cuentan algunas historias o anécdotas. Celia lo hizo esa noche y le relató a su público lo que le había pasado más temprano con el mesero y el azúcar. Lo repitió en el siguiente espectáculo y en el de la semana posterior.

De tanto repetirla, la historia del azúcar se había popularizado entre sus seguidores y, cuando no la contaba, se la pedían. Un día se cansó de llover sobre mojado y resumió todo gritando, desde la puerta del camerino: "¡Azúcaaa!" —omitiendo la *r* a fuerza de acento cubano–. Cuando oían el grito, sin verla, la empezaban a animar con las palmas. "Y el asunto es que ya no pude sacar de mi repertorio esa palabra", reconoció años después. Cuando alguien le propuso que patentara el saludo y lo hiciera una propiedad exclusiva, Celia respondió, asombrada, con un: "Qué voy a reconocer yo eso... que la gente diga azúcar cuando quiera".

Con su lema de batalla acreditado y enriquecida con las experiencias del ambiente musical neoyorquino, estaba preparada para lo que se venía en el mundo artístico: la salsa. Los jóvenes de los barrios latinos de Nueva York empezaron a utilizar el sonido con influencia cubana y puertorriqueña para contar sus historias. A las innovaciones se sumaron dos aportes fundacionales: Eddie Palmieri, con la orquesta La Perfecta, quien mezcló trombones, piano, bajo, tumba y bongó, y tejió la melodía con protagonismo del trombón, aunque el son seguía como base principal. Y Mon Rivera, quien le añadió a la popular bomba letras con ironía y mensaje social.

—¿Que no me entere de qué, Pedrito? —repreguntó Celia.

Cuando oyó que su madre había muerto, sintió que ella moría también un poco. El permiso para entrar a la isla y asistir al entierro le fue negado. Un par de años después murió Simón, su padre, y tampoco pudo entrar. "Eso se lo guardo a mi madre, que nunca me dijo: Tienes que venir", recordó. La presentación no se pudo cancelar. Tampoco las de los días siguientes. En los intermedios, Celia regresaba al camerino y lloraba en silencio. Así estuvo durante dos días con tres presentaciones diarias. "Eso fue, para mí, lo que ustedes no pueden ni son capaces de imaginar". No recibió un pésame de sus compañeros de escenario porque nadie se enteró. Había acordado con Pedro mantener el duelo en secreto. Apenas el martes, de la siguiente semana, la noticia se hizo pública y empezaron a llegar las primeras misivas de condolencia.

La rumba me está llamando

El sobre llegó de Nueva York. Traía un casete y una nota firmada por Larry Harlow, ratificando una invitación para que Celia Cruz participara en la grabación de *Hommy*, una nueva versión de la ópera rock de The Who, *Tommy*. La idea de Harlow era lograr una creación musical compleja donde, igual que hizo el grupo inglés con Londres, pudiera mostrar el ambiente neoyorquino. Tenía licencia y respaldo de su amigo Johnny Pacheco, quien —sin importar el resultado del experimento— lo imprimiría en su sello Fania. Harlow quería marcar un paso más en una revolución sonora que caminaba firme y, para eso, estaba convocando a los mejores músicos y cantantes que pasarían por el cedazo del arreglista de jazz Marty Sheller. A los que estaban fuera de la ciudad les enviaba una cinta con su número para que lo fueran ensayando. Celia estaba en Ciudad de México haciendo presentaciones. Recibió la música de *Gracia divina,* el número que le había sido asignado.

La revolución definitiva en el sonido de Nueva York había empezado después de 1965, cuando surgieron nuevos ritmos. La mezcla entre el pop y el son se conoció como boogaloo y su principal exponente fue el pianista Pete Rodríguez, con la canción *Micaela*. También apareció una orquesta conformada por dos puertorriqueños, el pianista Ricardo Ray y el cantante Bobby Cruz, que impuso el ritmo del jala jala. La orquesta de Joe Cuba, con su cantante Cheo Feliciano, aportó con su crítica a la discriminación racial en el coro de *El Pito*, donde cantan "I'll Never Go Back to Georgia", la máxima de Dizzy Gillespie cuando vivió el rechazo por su color de piel en ese Estado; y con *El ratón*, una letra a la que se cansaron de buscarle interpretaciones políticas.

Pero el paso más audaz lo dio Ray Barretto al imprimir *Watusi 65*, un álbum basado en una canción de 1963, *El Watusi*, donde el desprendimiento de lo tradicional terminó como base de la charanga moderna: resaltó flauta y violines e incluyó los trombones. El denominador común de estas producciones fue la eliminación casi por completo de la tradicional clave cubana —aquel clap clap clap (pausa) clap clap—. El son cubano seguía siendo la base y principal influencia, pero ahora la máxima era producir un ritmo libre y cercano, en algunos acordes, al rock o al soul.

Al mismo tiempo, algunas de las orquestas de charanga tradicional seguían adelante y aportaban a su modo para los tiempos de cambio. Una de las más conocidas era la de Pacheco, aunque —dependiendo del contrato que hubiera a la vista—se convertía en un conjunto al estilo del de Arsenio Rodríguez, quien era célebre porque en La Habana había transformado el conjunto tradicional al agregar congas y una tercera trompeta: fue el precursor del montuno, una improvisación de jazz pero en el son. De tanto mezclar, Pacheco terminó creando su propio tumbao. Johnny era un artista del sello Alegre y empezó a participar en el negocio, además, como socio: reinvertía sus ganancias. Llevó nuevos artistas a la empresa, como Orlando Rodríguez y Eddie Palmieri, pero cuando quiso repartir regalías tuvo diferencias con sus socios. Entonces resolvió que tendría su propia empresa. Se asoció con el abogado judío Jerry Massuci, consiguió 2.500 dólares prestados y fundó el sello Fania.

El primer álbum, por supuesto, fue de Pacheco y su Charanga haciendo su nuevo tumbao. Se llamó *Cañonazo*, e incluyó el son *Fania Funché*, de Rolando Bolaños, de donde sacaron el nombre para la nueva empresa. Distribuyeron los primeros discos en el baúl de un viejo Mercedes Benz de Pacheco. Dos años más tarde, en 1966, con las primeras ganancias, firmaron nuevos artistas. Los primeros en llegar fueron el pianista Harlow y Bobby Valentín, un joven trompetista boricua que, al final, se inclinaría por ser bajista y arreglista. La empresa siguió creciendo y el primer cantante que llegó fue Ismael Miranda. El director empezó a ser reconocido por tomar riesgos. Lo demostró cuando en 1967 contrató a un mensajero que tocaba puertas con su trompeta bajo el brazo: Willie Colón.

Poco después llegó a Fania, buscando una oportunidad, un joven de Ponce, Puerto Rico, llamado Héctor Pérez. Johnny lo puso en contacto con Colón, los apoyó para formar una orquesta y les prometió distribución de sus trabajos. Pérez empezó a llamarse Héctor Lavoe y, un par de años después, se convirtió en uno de los grandes ídolos de la música latina. Cuando Celia recibió el ofrecimiento de Harlow, ya existían Las Estrellas de Fania. Pacheco tuvo la idea de reunir, en una sola orquesta, a los músicos de su compañía, que a su vez tenían sus propios grupos. En 1968 y en ese tiempo era usual que las grandes disqueras hicieran lo mismo. Fania quiso igualar lo que habían hecho Las Estrellas de Tico y las de Alegre.

La reunión definitiva se dio tres años después. La cantidad de estrellas había crecido y Pacheco los convocó para grabar cuatro discos en vivo. Fue en el Chetaah, en la calle 52 de Nueva York, un inmenso local que había servido poco antes como almacén y gimnasio, pero que ahora era el ateneo predilecto de los bailadores. León Gast, director de cine, aprovechó ese concierto para filmar escenas de la película *Nuestra cosa latina*, una cinta que pretendió exaltar por qué estos ritmos son cercanos al barrio latino. La idea del recital fue de un locutor, Simphony Six. Pacheco y Valentín, los arreglistas, tuvieron sólo dos días para preparar los números. Al final alcanzaron a escribir, incluso, algunas piezas muy exitosas, como el célebre *Quítate tú*.

En ese instante, el sueño de Pacheco estaba realizado: ya había publicado doce discos con su sello y había reclutado a Barretto, Harlow, a Colón y Lavoe. Esos fueron los primeros nombres más vendedores. El fundador siempre dijo que lo que buscó con Fania fue impulsar artistas que estuvieran desencantados con su empresa. Por eso grabó a casi todas las bandas desconocidas de Nueva York y a veteranos cantantes cubanos —como Justo Betancourt—. Por eso no tenía miedo de arriesgar con experimentos como el que proponía Harlow con *Hommy*. Celia Cruz cumplía al pie de la letra los requisitos para entrar a esta empresa: su vasta experiencia era prenda de garantía.

El sello y sus orquestas ya eran conocidos y empezaron a hacer presentaciones en distintos países. Pacheco reunió a los músicos en el estadio de béisbol de los Yankees de Nueva York. De allí pretendían grabar dos discos y otra película. El concierto fue abierto por la Típica 73. Siguió el Gran Combo de Puerto Rico, con su cantante Andy Montañez, y luego Mongo Santamaría con su orquesta. La Fania era el plato fuerte de la noche. Formó con los trompetas Víctor Paz, Ray Maldonado, Louis Ortiz y Roberto Rodríguez; los trombones Barry Rogers, Reinaldo Jorge y Willie Colón; los percusionistas Ray Barretto, en la conga, Nicky Marrero, en los timbales, y Roberto Roena, en el bongó, y el invitado Billy Cobhan, en la batería. Los demás músicos eran Bobby Valentín, en el bajo; Larry Harlow, en el piano; Yomo Toro, en el cuatro; y Jorge Santana, en la guitarra. Los cantantes eran Ismael Quintana, Santitos Colón, Pete Rodríguez —quien se hacía llamar El Conde para diferenciarse de su homónimo conocido por *Micaela*—, Héctor Lavoe, Cheo Feliciano, Justo Betancourt, Ismael Miranda y Celia Cruz.

No alcanzaron a tocar ni un tema porque el público superó las barandas de seguridad e invadió el diamante —que no había sido habilitado para evitar daños—. Se formó la confusión y el forcejeo entre los policías que contenían y los fanáticos que avanzaban. La presentación fue cancelada. Tiempo después se reunió una nómina muy parecida en el coliseo Roberto Clemente, de San Juan, Puerto Rico, e hicieron un concierto que apareció publicado en 1975 con el título de *Live at Yankee Stadium*. Eran dos volúmenes, con cinco números cada uno. Celia participó en los dos y el número de mayor éxito fue publicado en el segundo: una nueva versión de la canción que había grabado con Puente, *Bemba colorá*. Esa intervención fue fundamental para que el álbum se vendiera.

La placa de ese concierto fue la segunda grabación de Celia con Fania después de *Hommy*. Necesitó esos dos discos para convertirse en una de las estrellas más importantes de la orquesta. Se abrió paso entre los hombres e impuso su estilo particular. Lo que empezó a vivir sólo se comparaba con sus mejores años en la Sonora Matancera. Pacheco no dudó de ese potencial y no se conformó con los temas en vivo. Le propuso grabar como solista y puso su orquesta a disposición de ella. Celia terminó su contrato con Tico y en 1974 apareció el primer larga duración llamado, directamente, *Celia y Johnny*. El piano de Papo Lucca, de la estirpe de la tradicional Sonora Ponceña, brilló sin aprensión; los coros de Betancourt fueron sólidos y firmes; y los temas *Toro Mata*, un canto del folclor negro del Perú, y *Lo tuyo es mental,* fueron bien recibidos en la radio. El antiguo bolero *Vieja luna* se oyó estupendo en la fuerza de Celia. Pese a que con eso habría bastado, la canción que se convertiría en una conquista de primer orden fue la que hacía apertura del disco: *Quimbara*.

El autor de la canción, Junior Cepeda, la escribió en la cárcel. Apenas salió, como pudo, buscó a Feliciano para que se le grabara. El ex integrante del sexteto de Joe Cuba, en un gesto de honestidad, le dijo que esa canción, con la estructura que tenía, sólo se oiría bien, a su juicio, en la voz de dos cantantes: Ismael Rivera o Celia Cruz. Finalmente, llegó a manos de ella y la intuición de Cheo no falló. Hubo varios factores para que la interpretación fuera única. Por un lado, la orquesta de Pacheco, con su tumbao, que no había podido desprenderse de las influencias de los viejos sonidos. De otro, la letra de Cepeda acudía a una vieja usanza de saludar la música con significados supremos. Ocurrió una extraña aritmética del sabor, la suma de dos elementos viejos fue igual a una innovación:

Químbara cumbara
cumbaquim bam bam.
Químbara cumbara
cumbaquim bam bam.

¡Eh mamá, eh eh mamá!
¡Eh mamá, eh eh mamá!

La rumba me está llamando
bongó, dile que ya voy.
Que se espere un momentico
mientras canto un guaguancó.
Dile que no es un desprecio,
pues vive en mi corazón.
Mi vida es tan sólo eso
rumba buena y guaguancó.
¡Eh mamá, eh eh mamá!

Luego de esa entrada empieza el montuno y hay espacio para una descarga de piano, un "¡azúcar!" y un solo de trompeta. El repertorio, novedoso para los números que se hacían en Fania, se amplió. Pacheco empezó a llevar a sus estrellas por todo el mundo. Las presentaciones consistían en intervenciones individuales y dos o tres en grupo para cerrar. En su primer viaje al Viejo Continente, notó que sus ritmos no se podían definir con una sola palabra. Necesitaba un nombre para fines publicitarios y no quería hacer énfasis en un solo ritmo. Supo entonces que debía bautizar su música con uno de los dichos o saludos que frecuentemente lanzaban los músicos y cantantes ("¡sabor!", "¡azúcar!" o "¡fuego!", por ejemplo). Eligió "salsa", y lo hizo para honrar el hecho de que en Fania había artistas de todas las nacionalidades. El lanzamiento del nombre debía tener gran impacto. La película que se había empezado a grabar en el frustrado concierto del estadio de los Yankees se terminó con otras imágenes y se puso en cartelera en 1975 con el nombre de *Salsa*. Era un filme nuevamente dirigido por Gast y pretendió rastrear la historia de la nueva expresión.

Algunos melómanos no quedaron contentos con esa película. César Miguel Rendón, en *El libro de la salsa*, dice que con esa cinta se trastocó toda la historia porque los productores, para ganar seguidores en Estados Unidos, inventaron que la salsa venía del África porque allí nació el tambor. Al final, los dos largometrajes de Gast no son trabajos sobresalientes de cine, sino documentos que buscan dar cuenta del ambiente en el que nació la salsa. La palabra, como lo percibió Pacheco, no era la primera vez que se utilizaba. Ya había aparecido, entre otros, en *Échele salsita,* la canción de Ignacio Piñeiro; en el disco de Federico y su combo *Llegó la salsa* y en el tema de Los Hermanos Lebrón *Salsa y control.*

La misma Fania, antes de lanzar la película, preparó el terreno en 1974 con el lanzamiento del álbum de Larry Harlow, *Salsa.* Allí las canciones *El paso de Encarnación* y *La cartera* fueron un éxito absoluto. La etiqueta estaba puesta y, en nombre del supuesto nuevo ritmo, se podía conquistar el mundo. Celia Cruz nunca reconoció que la salsa fuera una novedad porque, repitió varias veces, ella hacía lo mismo que en sus años con la Matancera. Tito Puente, cuando le preguntaron, dijo que la única salsa que conocía era la de echarle al arroz. Y tenían razón: no es un ritmo propiamente dicho, sino la convergencia de varios ritmos, cubanos y puertorriqueños. La intención comercial no permitía aclarar las diferencias porque el dinero era el hilo conductor de todas las maniobras.

El segundo disco de Celia con Pacheco fue más exitoso que el primero. En la portada de *Tremendo caché* (1975), aparecían con ropas elegantes —traje de noche y cubilete—, aunque no en una foto sino en un dibujo que semejaba una caricatura. Las diez canciones eran más afortunadas que la tapa. Cinco, con los años, serían clasificadas como grandes éxitos de la cubana. La bomba *Cúcala,* de Wilfredo Figueroa, que popularizó Ismael Rivera, abría el trabajo. Allí, un decidido "¡salsa!", que Celia lanza mientras dialogan el piano y las trompetas, la unía a la causa. *Oriza eh* y *Tres días de carnaval,* los temas siguientes, gustaron igual que el primero. El bolero *No me hables de amor* sería recordado, igual que *De la verdagué*, del compositor insigne de los primeros años de la salsa (que llevó a la cúspide del éxito a Héctor Lavoe con *Periódico de ayer*): Catalino Curet Alonso. La única canción que igualó a *Cúcala* en este acetato fue la nueva versión de *La sopa en botella*. Había sido retomada de una grabación con la Sonora Matancera y ese detalle fue el primer antecedente de un hecho que despertó polémicas en el siguiente trabajo.

Fue como si Pacheco fuera víctima de su propio invento. La producción se llamó *Recordando el ayer* (1976) y era, fiel a su nombre, un buen compendio de la guaracha de la Sonora Matancera: *Besito de coco*, *Ritmo tambó y flores* y el trabalenguas de las yerbas ahora bajo el nombre *Yerbero moderno*, entre otras. El sonido, igual que en *La sopa en botella*, era impecable y los arreglos le daban una vitalidad novedosa que atraía a las nuevas generaciones: los seguidores de la salsa. Lo que los melómanos le criticaron a Pacheco fue su actitud de presentar lo ya creado como "lo nuevo de la salsa". Seguramente lo que buscaba el director de Fania, que ya había sido superado por su propio hallazgo, era evitar las tierras sinuosas del experimento. Pero eso le mereció acusaciones de un interés comercial y de querer *matancerizar* la salsa. La conclusión fue que evitó innovaciones: estancó —para bien o mal— el proceso de evolución sonora. Regresó, por pasajes, al sonido de la clave y respondió a sus detractores en algunas canciones de su orquesta con el saludo "Pacheco... y su tumbao añejo".

Celia, que lo único que hacía era cantar y lo hacía bien, estuvo al margen de esas críticas. De todos modos, se tomó

Página anterior:

Comienza su carrera de cantante en 1940. La reina de la salsa nació un 21 de octubre en el barrio Santo Suárez de La Habana, Cuba. Fue uno de los cuatro hijos que tuvieron sus padres, Catalina Alfonso y Simón Cruz.

Esta página:

Celia graba su primer disco de 78 rpm con la Sonora Matancera. Se trata de "Cao cao maní picao" y "Mata Siguaraya". Celia y la orquesta se presentan en los principales eventos y localidades, incluyendo el casino y centro nocturno de fama mundial Tropicana.

Página siguiente:

Famosa por su canto y expresiones guaracheras, Celia lo fue también por utilizar toda clase de adornos y pelucas en los conciertos.

© www.celiacruzonline.com

Celia se une al compositor y vicepresidente de Fania Records Johnny Pacheco (izquierda) para el álbum de su regreso Celia y Johnny. *Esta colaboración continúa hasta producir dos nuevos álbumes,* Tremendo caché *y* Recordando el ayer, *y conduce al influyente período de Cruz con Fania All Stars, integrado por las estrellas de Fania All Stars que eran artistas de gran categoría, como Bobby Cruz, Ray Barretto, Cheo Feliciano, Héctor Lavoe, entre otros.*

En su última etapa, en la cual sobresalen discos como Siempre viviré, La negra tiene tumbao y Regalo del alma, *Celia se había convertido en un auténtico ícono de la música popular latinoamericana.*

Página anterior y esta página: *En fotos promocionales para los álbumes* La negra tiene tumbao *(izquierda)* y Siempre viviré *(derecha)*.

Celia murió el 17 de junio de 2003
a las 4 y 55 de la tarde en su casa de Nueva York.

una pausa en su producción con Pacheco y se unió a Colón, quien traía la fama cultivada con Lavoe a cuestas. La unión entre el trombonista y el joven de Ponce recién llegado y rebautizado había resultado de un impacto colosal. Willie y Héctor llegaron a la cúspide cantando lo que pasaba en la esquina del barrio, pero se acababan de separar por diferencias personales. El trabajo de Celia con la orquesta de Colón se llamó *Sólo ellos pudieron hacer este álbum* y, en parte, tenían razón. Recogieron del pasado pero con un estilo tan particular que los críticos guardaron silencio. Hubo una nueva versión del clásico *Burundanga* y retomaron a José Alfredo Jiménez para hacer un nuevo *Tú y las nubes*. El mayor acierto fue recuperar una canción brasileña. Convirtieron una bossa nova en un bello pregón que dice: "Usted abusó, / sacó provecho de mí, abusó / sacó partido de mí, abusó, / de mi cariño usted, abusó".

La chapa de salsa tuvo el efecto que se esperaba. Los nuevos discos de las reuniones no tuvieron la calidad de los primeros, pero Las Estrellas de Fania ya tenían una fama que bastaba. Empezaron a solicitarlos en varios rincones del mundo. Estuvieron en Francia, Japón —donde Celia no fue por cumplir compromisos en Venezuela— y terminaron en una excursión por Zaire, para animar los entremeses de la pelea entre George Foreman y Muhammad Alí. El avión, en el que estuvieron por casi treinta horas, se convirtió en el hogar de la que ya era una familia. Celia, avalada por los años, oficiaba de matriarca y líder. Les aconsejaba que no perdieran muchas horas de sueño, estaba pendiente de que no se maltrataran la voz con bebidas frías y cuidaba que no hubiera excesos de ningún tipo. A veces les admitía un recreo, como en ese largo vuelo cuando le prestó su bolsa de maquillaje a Héctor Lavoe para que le jugara una broma a Feliciano, quien dormía profundo.

Le pintaron párpados, mejillas y labios con colores vivos. Cuando despertó empezó a caminar por el pasillo rumbo al baño y vio, sin caer en la cuenta, que todos lo saludaban sonriendo: "Qué Cheo, cómo estás". Cuando estuvo frente al espejo del baño lanzó un grito que se oyó de la nariz a la cola. Las carcajadas de toda la orquesta se hicieron una sola. Cuando terminó el insufrible viaje, Celia bajó de la escalera de la aerolínea y lo primero que hizo fue besar la tierra africana.

En el concierto, la Fania estuvo como de costumbre. Igual que Celia, quien tuvo la responsabilidad de abrir y se abrió paso entre los aplausos con su "Químbara cumbara / cumbaquim bam bam" para empezar la fiesta. Pacheco, mitad bailando y mitad dirigiendo, corría por todo el escenario como un Freddie Mercury de la salsa. La segunda canción también fue de Celia: una buena versión de la *Guantanamera*, subiendo la voz a niveles inauditos, apoyada en el coro por Feliciano, Lavoe, los dos Ismael —Miranda y Quintana— y Santitos Colón. Ellos le gritaban desde atrás "¡Dilo Celia!" y "¡La Reina!". Ella correspondía a los saludos moviendo la cadera.

Ya era la *Reina de la Salsa*, coronada por los maestros de ceremonias y sus compañeros de trabajo. Fiel a ese abolengo, aquel 1978 resultó ser un año muy productivo. Publicó un disco de éxitos, *Brillante*; y un nuevo álbum con Pacheco,

Eternos. Estrenó, además, la sociedad de Massuci con la Tico para editar *A todos mis amigos.* En 1979 la buena relación con Papo Lucca acortó el camino para hacer un disco con la Ponceña. El resultado fue *La ceiba,* donde mantuvo el pase mágico que le había funcionado en las producciones anteriores: lo conformaban ritmos latinoamericanos conocidos grabados en versión de salsa. Hubo números cubanos como *Sonaremos el tambó,* puertorriqueños como *A la buena sí,* y la composición de Chabuca Granda *Fina estampa.* De aquí en adelante, conservaría esa costumbre de cantar canciones célebres de otros ritmos en tempo de salsa.

Empezó la nueva década grabando otra vez con Pacheco y también con un amigo de muchas noches trabajando para Fania: El Conde. *Celia, Johnny & Pete* salió al mercado procurando participar de una nueva ebullición de la salsa. A pesar de los estancamientos promovidos por Pacheco, el escalón decisivo en la evolución del sonido lo había dado el panameño Rubén Blades, quien debutó en Fania con la canción *Juan Pachanga* y desde ese primer tema mostró por dónde iría ahora el camino. Con el respaldo de Fania, se unió a Willie Colón y, en el segundo trabajo que hicieron juntos, las canciones *Pedro Navaja* y *Plástico* causaron delirio. El álbum se llamó *Siembra,* de 1978, y ha sido, hasta ahora, el disco más vendido en la historia de la salsa. El secreto estuvo en perfeccionar esa costumbre de contar historias de vida y del barrio. Hicieron de cada canción una pequeña película cantada, donde había inicio, detonante y final, a través de personajes definidos y particulares. El punto más alto de ese estilo lo logró, el mismo dúo, con el disco *Maestra vida*, de 1980, una ópera que cuenta las alegrías y el sufrimiento de los Da Silva, una familia latina.

Celia estuvo al margen de esa llamada salsa social. En el disco con su nueva sociedad grabó la canción *La dicha mía*, escrita por Pacheco, donde cuenta lo que le había ocurrido en su vida hasta ese día. Allí confesó: "Lo primero que yo hago al despertar / es dar gracias a Dios, / todos los días / y rezarles / a todos los santos, / y agradecerles / la dicha mía, / la verdad es que he sido muy dichosa, / la suerte mía no se puede comparar". Fueron años de nostalgia. En el siguiente trabajo, gracias a las gestiones de Massuci, se reunió con la Sonora Matancera e imprimieron *Feliz encuentro*, donde hubo canciones especialmente preparadas para la ocasión, como *Celia y la Matancera*. Fue la última vez en su vida que grabó con la orquesta cubana donde empezó a ser conocida.

En esos días había superado el medio siglo de vida y ya tenía un prestigio suficiente que, tal vez sin que ella lo sospechara, seguiría creciendo con los años. Lo que había hecho en su vida alcanzaba para que le rindieran homenajes. Uno de los primeros fue el libro del colombiano Umberto Valverde *Celia Cruz, reina rumba*, publicado en diciembre de 1981. Allí hay una mezcla entre experiencias del autor y biografía. Se cuenta la vida de Celia y se repasan sus inicios en La Habana. El autor le mandó una copia de su texto a Guillermo Cabrera Infante. El escritor cubano le contestó en una carta donde celebra la publicación y le confiesa que, cuando oía a Pacheco, haciéndole fondo a Celia, se daba cuenta de que usaban su voz, "genuina, auténtica y a la vez imperecedera", para ocultar el préstamo total y violento.

Luego de sus criticados pero contundentes cantos con Pacheco, siguió en el tono de encuentros evocadores y no dejó de reunirse con amigos de la Fania. En 1983 se publicó *Tremendo trío*, al lado de Barretto y Adalberto Santiago; y su último disco con Pacheco, de 1985, se llamó *De nuevo*. Fueron dos trabajos que no superaron en popularidad a los de finales de la década de los años setenta. Celia, a pesar de los años, mantenía su voz intacta. Las reuniones de Fania seguían llenando estadios, aunque no había mayores novedades salvo *Lo que pide la gente*, de 1984, donde Celia hizo el tema *Usando el coco*, en una demostración magistral de soneo. Esa buena costumbre de improvisar había surgido desde las primeras presentaciones cuando, en una prolongación de los solos instrumentales al estilo del jazz, los conciertos se cerraban con todos los cantantes en la tarima inventando pregones.

Su canción favorita para el soneo era *Bemba colorá*. En la euforia de las presentaciones solía cambiar toda la letra y terminaba inventando una nueva canción manteniendo únicamente el "¡colorá!" del coro. En esas improvisaciones algunas veces cantaba su propia historia. "Un pajarillo en su jaula, / colorá, / vuela y vuela sin cesar, / colorá, / y siempre buscando el mar, / colorá, / sitio por donde escapar, / colorá, / pobrecito, ay cómo sufre, / colorá, / buscando su libertad, / colorá, / y yo, yo como el pájaro quiero, / colorá, / yo como el pájaro quiero, / colorá, / mi libertad recobrar, / colorá". Eso fue lo más cerca que estuvo de la composición.

Aquellos versos de Celia se hicieron famosos en la Fania y le sirvieron para triunfar en un ambiente exclusivo de hombres. Nadie en su género la igualó en protagonismo y calidad. Fue la única mujer en el nacimiento de la salsa y se ganó el puesto desde aquella invitación que le hizo Harlow para participar en *Hommy*. Cuando viajó de México a Nueva York y entró al estudio donde grababan la ópera, Harlow le propuso que, como había conocido la música a través del casete que le envió, ensayaran el número antes de grabarlo. Celia, que no estaba de buen humor porque era domingo y no le gustaba trabajar ese día, le dijo que no. Que lo imprimieran de una vez por todas. El pianista dudó. Le pidió a Pacheco que reemplazara a Barretto en la tumbadora, pues no había llegado, e iniciaron la grabación. Fue como si Celia conociera la orquesta: no se equivocó y la versión quedó en el primer intento. La que apareció en el disco fue la primera y única que se grabó. Los músicos estaban aterrados. Harlow, que nunca había visto y nunca vio que alguien hiciera algo igual, pensó: "Esta mujer es única".

Muerta e'risa y merendando

Tito estaba allí, en la cama de hospital, muerto de risa. Aunque las visitas estaban restringidas, habían dejado entrar al cuarto a Celia Cruz, Pedro Knight, Johnny Pacheco y Papo Lucca. Fue internado en un hospital de Puerto Rico el 29 de abril de 2000 por una deficiencia cardíaca durante una presentación. Los artistas de las Estrellas de Fania estaban en la misma ciudad por una presentación y se hicieron presentes tan pronto se enteraron. "Lo veo muy bien, caballeros", salió diciendo Celia. Varias semanas después, el timbalero fue examinado en Nueva York, en el NYU Hospital, y los médicos dictaminaron que tenían que intervenirlo inmediatamente. Celia ya estaba en Los Ángeles preparada para otra presentación y, cuando se enteró, lo llamó por teléfono. El ánimo de Puente había cambiado. Ya no reía. Se quejaba porque los músicos de su orquesta llevaban un tiempo parados. Su amiga lo tranquilizó. Le dijo: "Cuídate, que te necesitamos, y vete a la cama con optimismo".

Celia quería a sus amigos intensamente. Nunca decía que no cuando la invitaban a grabar discos en duetos u homenajes para los que habían muerto. Lo hizo cuando grabó por última vez con Colón, *The Winners*, en 1987, y aceptando la invitación de Ray Barretto para grabar *Ritmo en el corazón*, en 1988. Con esos discos, del sello Fania, demostraba que ver a un amigo en una cabina de grabación era uno de los encuentros que más le gustaban. Con Willie el resultado no fue el mismo de antes, pero se destacó la canción *Se tambalea*. Con Barretto hubo menor expectativa, pero ese trabajo se convirtió en uno de los más importantes de su carrera: le mereció el premio Grammy en la categoría de mejor artista latino. No estuvo en la ceremonia para recibirlo. Creía que el gramófono nunca sería suyo porque ya había sido nominada cinco veces consecutivamente y no había ganado.

Participó en un disco homenaje a Ismael Rivera, donde grabó canciones del llamado sonero mayor como *Las caras lindas* y *El Nazareno;* y en tres grabaciones en nombre de Benny Moré, convocadas por Tito Puente, de donde quedó un número muy bueno a dúo con Cheo Feliciano. Cantaron *Encantado de la vida* y lo iniciaron con saludos cordiales —hablados, no cantados—. "Bueno, y qué, Cheo, cómo estás", le pregunta ella. "Rico, rico, rico, encantado de la vida, Celia", contesta y devuelve la pregunta: "Y tú, Celia, ¿cómo estás?"; "Muerta e'risa y merendando", concluye. Luego cantan en una sola voz "Encantado de mirarte, / de saber que no me quieres, / y que no puedo llorar". En esa introducción se les oía cercanos y, efectivamente, Feliciano se había hecho uno de sus mejores amigos desde los años de las giras con Fania.

—Celia llegaba a las presentaciones —recordó Cheo en una oportunidad— y le comentaba a Pedro: "Ay, cómo lo voy a hacer si me duele la espalda, la rodilla y la cabeza". Decían en el altavoz: "Celia Cruz en tres minutos a escena". Y ella "Ay, mi madre, consígueme una aspirina, Pedro". "Celia en un minuto", se oía. "Dios mío, Pedro, yo no puedo". "Celia a la tarima", y entonces gritaba "¡Azúcaa!", y se soltaron los caballos... Salía esa negra como un torbellino.

Ella se moría de risa y merendaba, también, con su esposo. Desde que se retiró de la Matancera, Pedro se había convertido en su sombra. El tiempo ya se le notaba en el pelo y ella empezó a llamarlo "Mi cabecita de algodón". Knight, a veces, dirigía la orquesta mientras ella cantaba y siempre la asesoraba en la firma de contratos y en los números que debía grabar. El fantasma que siempre rodeó su matrimonio fue el nacimiento de los hijos. Ese tema, con el de Fidel Castro, y el de su edad, eran los únicos que Celia evitaba. Decía, a secas, que no se les había dado tenerlos porque Dios no quiso. "Tengo sobrinos y ahijados que bailan al son de mi música —decía ella—. A veces son niños de brazos que las madres me los traen y les preguntan: 'Dile a Celia que es lo que más te gusta'... '¡Azúcaa!', contestan ellos".

Estaba segura de que los niños, así como sus padres y sus abuelos, la querían. Quizá por eso ya no tenía los mismos afanes. Cuando no estaba trabajando, lo que más le gustaba era ver televisión y, si se tomaba unas vacaciones, se iba en un crucero para olvidarse de todo por unos días. En alta mar le encantaba probar suerte en las máquinas tragamonedas. Pasaba horas buscando la escalera real y casi siempre la encontraba. Tenía buena suerte. En tierra, uno de sus pasatiempos favoritos era cocinar. Siempre dijo que Pedro fue el que le enseñó a poner la sazón porque en su casa de Santo Suárez lavaba y planchaba, pero nunca entraba a la cocina. Cuando estaban en problemas porque les faltaba o sobraba algún ingrediente, llamaban a Caíto, de la Sonora, y le preguntaban sin pudores: "¿Qué tú le echas a esto?". Así salían de la duda.

La rutina de los viajes la hizo una mujer de hábitos especiales: lavaba las camisas de su esposo. Usaba guantes para cuidar sus uñas —que siempre lucían impecables— y fregaba los cuellos y los puños con dedicación. En las lavanderías de los hoteles, a veces, le incumplían con la entrega y eso le molestaba mucho. "Te las doy hoy, y es mañana cuando yo ya me fui", se quejaba. Otras veces no le gustaba como quedaba la ropa en manos de las mucamas y entonces prefería hacerlo ella misma. El equipo de lavandería hacía parte de sus objetos personales que siempre llevaba, en los viajes de avión, en un maletín de mano. Esa era otra de sus costumbres y la había aprendido desde que su maleta se perdió en el viaje a Zaire. Esa vez estaba vestida de blanco y tuvo que quedarse así varios días mientras aparecían sus pertenencias. Por eso llevaba guantes, cosméticos, una muda de ropa y un vestido para subir al escenario. En ese equipaje, de vez en cuando, aparecía una botellita de coñac. Cuando no se sentía segura o se iba enfrentar a un público que no conocía, se le bajaba la presión y un trago la recuperaba. "Claro, sólo antes de cantar, no desde la mañana, porque ya borracha no podría".

En 1987 le entregaron uno de los galardones que más agradeció en su vida: la estrella en el Paseo de la Fama de Hollywood, California. La idea nació en la radio porque a un locutor se le ocurrió que no era justo que Celia, que tanto viajaba a Los Ángeles, no tuviera una estrella. La iniciativa fue retomada por Winny Sánchez, quien empezó a moverse por todos los establecimientos comerciales —el premio lo otorgaba la Cámara de Comercio—, pidiéndoles su voto y ayuda. Aparecieron carteles por toda la ciudad que decían "Celia lo merece" y el asunto llegó a comentarse en Miami y Nueva York. Sánchez empezó a recoger firmas en las empresas donde conocían a Celia porque, en algunos casos, había sido personaje de sus comerciales. El 15 de junio de 1987 le dijeron a Sánchez: "Señora, no mande más firmas": las tres mil necesarias ya habían sido recolectadas. Hasta ese día, sólo doce latinos habían logrado ese reconocimiento.

Para recibir ese premio llegó vestida de blanco, con pava. Su esposo estuvo todo el tiempo a su lado. En ese entonces ya era imposible verlos separados. Era normal que en reportajes Pedro fuera una presencia vigilante que, con un guiño de ojo, hacia que Celia evadiera un tema. Cultivó fama de caballero callado. "Habla poco —decía Celia en las entrevistas—. Cuando preguntan, y veo que él titubea, yo, para que no haya baches, contesto". Él permanecía callado y lo único que decía era una sonrisa resplandeciente y orgullosa. Dos años después de recibir la estrella en Hollywood, recibió otra en el Paseo de la Fama de Miami. Fue el 28 de septiembre de 1989 en el Festival de la Calle 8ª. Tres años después, en ese mismo festejo, un tramo de esa calle fue bautizado como "Celia Cruz Way, Calle Ocho, Sw 8 St".

Entre tantos galardones y novedades, la década de los ochenta representó un cambio lento, pero notorio, en su vida artística y personal. Las presentaciones con las Estrellas de

Fania por Europa le abrieron las puertas y regresó, con distintas orquestas, en varias oportunidades. Después de 1978 empezó a visitar Holanda, Finlandia y Alemania; y aumentó su número de seguidores con conciertos en Francia, España, Italia y Suiza, países a los que llegaba, por lo menos, una vez al año. Se presentaba, sobre todo, con la orquesta de Tito Puente, quien era invitado a todos los festivales de jazz en el mundo y, algunas veces, tenía que cancelar presentaciones por falta de tiempo. Al *Rey del Timbal* le gustaba mucho viajar con Celia porque, luego de tantas descargas instrumentales, la guaracha alegraba y divertía al público. Gracias a estas giras la salsa ganó mucho terreno en Europa.

En el Festival de Tenerife 1987, en las Islas Canarias, logró que a una presentación suya asistieran 240 mil personas. El *Libro de los Récords Guinness* registró ese evento como el concierto con mayor asistencia de público en la historia. Su trabajo aumentaba y ella, cada vez más vigorosa, cumplía los contratos que firmaba. La correría la llevó a Esmeraldas, en Ecuador, y en un mal paso en la tarima se fracturó una pierna. Los médicos le recomendaron que se tomara unos días por incapacidad física, pero 48 horas más tarde apareció en un espectáculo en República Dominicana disimulando el yeso con unas botas altas. Con esa persistencia no le fue difícil conquistar el mítico Carnegie Hall, en Los Ángeles, de donde salió un disco en vivo. Su gusto por las pelucas nació en ese corre–corre de las presentaciones, aunque en los años de La Habana ya había probado un par de veces cómo se le veían. Le ahorraban las horas que debía estar sentada bajo un secador de pelo. Los primeros postizos fueron del mismo color de su pelo. La hacían ver con peinados sorprendentes y atractivos. Al comienzo dejaba descubiertas sus raíces naturales y la peluca formaba un peinado que se veía minucioso y natural. Lo que no le gustaba era que, cuando estaba guaracheando, el sudor empapaba su pelo natural, se le encrespaba un poco, y se notaba la diferencia.

Con los años se cubrió su pelo totalmente porque ya no le importó la apariencia postiza. Hablaba sin problema de sus pelucas, decía que no sabía con exactitud cuántas tenía porque nunca alcanzó a contarlas y usaba, igual, pelo rubio, azul aguamarina o rojo carmesí. Convirtió su apariencia en una materialización de su alegría y sabor. Fueron tiempos de cambios radicales porque, igual que su imagen, su música empezó a tener una identidad distinta. El gesto de grabar con los amigos se prolongó a un salto insurrecto: en 1987 se imprimió *Acá otra vez ritmo mundial*, con el grupo argentino de ska punk Los Fabulosos Cadillacs. Participó en el tema *Vasos vacíos*, pero la canción no sería un éxito sino en 1993, cuando la banda la incluyó en una recopilación de éxitos llamada, también, *Vasos vacíos*. El tema, grabado en los estudios de Andrés Calamaro, es un contrapunto entre Vicentico, vocalista de los Cadillacs, y Celia. Allí cantan al unísono: "Siempre habrá vasos vacíos / con agua de la ciudad / la nuestra es agua de río / mezclada con mar. / Levanta los brazos mujer, / y ponme esta noche a bailar, / que la nuestra es agua de río / mezclada con mar".

También hubo dúos en otros ritmos con Dyango, en *Corazón de bolero*; y con Ángela Carrasco en *Dama del Caribe*, de donde se recuerda *La candela*. La década de los noventa le traería un nuevo aire y el viraje, todavía lento, continuaría. Empezó la década con un viaje a Cuba para cantar en la base naval estadounidense de Guantánamo. Estaba vestida de azul. Fue lo más cerca que estuvo de su país, después del exilio. Cuando se bajó del avión besó la tierra y, luego, a través de una malla que separaba los dos países, agarró un puñado de tierra y lo echó en su cartera.

Al mismo tiempo, su apoderado desde los años de Fania, Ralph Mercado, fundó su propio selló, RMM, inspirado en reconquistar el mercado de la salsa, que ya no era el mismo. Celia era su carta principal. El último disco que grabó con Fania fue *Bamboleo*, y logró una buena versión del clásico *Caballo viejo*. El primero con su nueva compañía de discos fue *La combinación perfecta*, una grabación inaugural que, como era normal, se hizo con todo el despliegue a través de una gira mundial. Fue un disco de dúos y una reunión de artistas veteranos y jóvenes. Allí grabó con las figuras nacientes Marc Anthony y La India, y al lado de su querido Tito Puente, segundo as de Mercado para reconquistar la salsa.

Con RMM también se imprimió la banda sonora de *Los reyes del mambo*, una película que le dio a Celia la bienvenida definitiva a la nueva etapa de su vida. Actuó al lado de Antonio Banderas y Armand Assante, quienes interpretaban a Néstor y César Castillo, dos músicos cubanos que llegan a Nueva York en busca de fortuna en los años dorados del Palladium. Celia interpretó a Evalina Montoya, una santera dueña de un club nocturno en Harlem. La primera vez que aparece es cuando los Castillo llegan a conocer el Palladium. César termina en un mano a mano en el timbal con Tito Puente, Evalina los mira sonriente y asiente ante tales descargas. Era la primera vez que le daban parlamento en una cinta. En varias escenas se oyó su voz cuando escrutó a los Castillo y, con los ojos cerrados, en actitud de buscar vaticinios santeros, les dijo: "Uno, el hijo de Changó. El otro, el hijo de Yemayá, la diosa del mar. Fuego y agua, tengo que oírlos tocar".

La participación en la banda sonora es más notable. La historia empieza con una canción de Celia: una versión en inglés de *La dicha mía*, modificada para que coincidiera con la historia. Canta, además, *Guantanamera* en el matrimonio de Néstor y, al final, los créditos ruedan con su canto de fondo. Fue la única vez que cantó en inglés. No le gustaba hacerlo porque creía que no era el lenguaje universal de la guaracha y porque, decía, su inglés era muy malo. Cuando el director, Arne Glimcher, la buscó para el papel, ella le dijo que, habiendo tantas que lo podían hacer en inglés muy bien, "para qué voy a meter la pata, nene, déjame así". Glimcher le respondió que, efectivamente, había otras actrices que querían el papel —como Tina Turner y Diana Ross— pero que la prefería a ella porque atraía al público latino. Celia llegó al plató con un doctorado a cuestas porque en 1989 la Universidad de Yale le otorgó su primer título *Honoris Causa*. Después del rodaje recibió el mismo reconocimiento, pero de la Universidad Internacional de la Florida.

Volvió a Hollywood en 1994 para filmar la película *La familia Pérez*, al lado de Mariza Tomei y Angélica Houston.

Encarnó a otra santera que le rezaba a san Lázaro para ayudar a las parejas jóvenes a encontrar el amor. Luego llegó a la televisión en la telenovela mexicana *Valentina*, al lado de Verónica Castro, de Televisa; interpretó el papel de Lucumé, otra matrona santera. La experiencia le gustó y aceptó trabajar en la telenovela *El alma no tiene color*. Esta vez la programadora exportó su producción y la vieron en un canal latino de Estados Unidos y en varios canales locales de América Latina. Allí compartió estudio con Arturo Peniche y Laura Flores. Celia interpretaba a una niñera que cuidaba, sin que lo supiera, a su propia hija.

Estas dos actuaciones, que para muchos son un lunar en la carrera de la cantante, coincidieron con la visita a la Casa Blanca para recibir, de manos del presidente Bill Clinton, la medalla del National Endowment for the Arts. Luego de ese encuentro alguien le preguntó, buscando profundidad, qué era la fama y ella le respondió, desprevenida, con una sonrisa de oreja a oreja, que era una satisfacción ser reconocida porque le daba la oportunidad de conocer a gente importante como presidentes y artistas. Su espontaneidad estaba por delante en los encuentros más solemnes. Cuando el Museo Smithsonian expuso un par de zapatos suyos rompió el protocolo y dijo: "Después vengo a ver si todavía están aquí".

Para el primer disco en solitario con Mercado aprovecharon su grito de batalla y lo convirtieron en una canción. *Azúcar negra* le daba el título al álbum de 1993 y hacía una descripción minuciosa de Celia. "Soy dulce como el melao, / alegre como el tambor, / llevo el rítmico tumbao, / llevo el rítmico tumbao, / de África en el corazón. / Hija de una isla rica, / esclava de una sonrisa, / soy caña y soy carnaval. / Conga corazón y tierra, / mi sangre es azúcar negra, / es amor y es música". Si al grito de "¡azúcar!" le faltaba algo por colonizar, con esta canción se contribuía a completar la ruta. En esta placa también le rindió un tributo a su esposo en *Sazón* y con este tema incursionó en el mundo de los videos musicales. Fue la primera vez que puso una canción suya en audiovisual.

En el video figuró al lado de su esposo. Aparecían en una cocina inmensa y Pedro no dejaba de sonreír mientras ella le cantaba: "Todo el mundo me pregunta, / Celia, cuál es el secreto / de estar unida tanto tiempo / al hombre de tu corazón". Con esa canción los entrevistadores que la asediaban empezaron a caer en la cuenta de que su matrimonio era un roble de, hasta ahí, más de treinta años. Como en la canción, empezaron a preguntarle "Celia, ¿cuál es el secreto?". La pareja confesó que la longevidad de su amor se sustentaba en que nunca se habían ido a dormir sin antes arreglar las diferencias del día. El secreto está en el diálogo, recomendaron. Cuando Pedro trabajaba con la Sonora y ella no tenía presentación, el trompetista volvía a la madrugada y le decía: "Negra, tengo hambre". Ella se levantaba y le cocinaba cualquier cosa: siempre tuvo un papel de esposa tradicional, aunque para el público fuera una estrella.

Los dúos seguían siendo de sus afectos. Después de los Cadillacs, se unió con otros cantantes de orillas distantes, como el rockero David Bryne y el trovador Caetano Veloso. Mercado, años después, al ver que las reuniones dejaban canciones de calidad que tenían buena acogida, los reunió en el disco *Duetos*, que publicó en 1997. Antes se había lanzado el segundo disco como solista de la RMM, se llamó *Irrepetible*, de 1994, y la canción más importante fue *Que le den candela*. En las giras promocionales Celia vio que a la gente su nueva música no le interesaba tanto como la de antes: lo que querían era oír sus éxitos históricos con la Sonora Matancera y con Fania. Eso la llevó a decirle a Pedro "No grabo más". Pensaba seguir cantando, pero no quería imprimir más discos porque sentía que a nadie le importaban. Su esposo estaba dispuesto a apoyarla en la decisión que tomara, pero le pidió que consultaran con otros amigos. La mayoría coincidió en que, si no quería el retiro definitivo, debía seguir produciendo nuevos discos.

Aceptó seguir, pero se tomó un tiempo. En ese lapso se dedicó a las telenovelas. El mercado se inundó de compilaciones de sus grandes éxitos y las novedades fueron escasas: aceptó, en 1996, un nuevo trabajo con Puente y salió al mercado *Alma con alma, the Heart & Soul of Celia Cruz y Tito Puente*. Nunca habría admitido un retiro definitivo porque no imaginaba su vida de otra forma. La impresionó mucho lo que le pasó a Miguelito Valdés en Bogotá, quien estaba en una presentación en el Hotel Tequendama y en mitad de una canción sintió un dolor en el pecho, dijo "Con su permiso" y cayó muerto en el escenario. Pero en el fondo quería que le pasara lo mismo. Quería que la muerte le saliera al paso al son de una guaracha. Igual, después de lo que le pasó a Valdés, siempre que iba a trabajar en una ciudad de mucha altitud, pedía a los empresarios llegar cuatro o cinco días antes de la función.

La muerte nunca la asustó. "Todos tenemos que morir, mi amor —dijo en varias oportunidades—, no hemos nacido pa'semilla y eso es lo natural". A lo único que le tenía miedo era a morir violentamente. Le preocupaba también el hecho de no estar preparada cuando le llegara su hora. En la década de los años sesenta, en un viaje con la Sonora a Ecuador, conoció a una mujer que tenía un panteón para su familia con todos las bóvedas listas. Ella no sabía que eso era posible, pero le pareció una idea sensata. Cuando se instaló definitivamente en Nueva York, compró un panteón en el camposanto de Woodland, en el Bronx, por si acaso no podía ser enterrada en su país. Le puso una imagen de la Virgen de la Caridad del Cobre, a la que guardaba devoción desde los años de juventud en La Habana. "Esa es la patrona mía", decía con seguridad. Era católica y muy creyente. Cuando no estaba de viaje, iba a misa a la Iglesia del Santísimo de Nueva York, en la 77 y Lexington. Antes de dormir rezaba tres padrenuestros, tres avemarías, tres credos y un salve; y al despertarse, como cantó en *La dicha mía*, lo primero que hacía era darle gracias a Dios.

Después del dilema regresó a los estudios de grabación en 1998 para interpretar un disco que en el título ratificaba la decisión que tantas vueltas le dio en la cabeza: *Mi vida es cantar*. En el bolero *Siento la nostalgia de palmeras* acepta que siempre será extranjera y hace un lamento para recordar que todavía extraña a su Cuba. Lo más importante de este álbum fue que, en el último corte, guardaba el que sería el último gran éxito de su carrera. Las trompetas irrumpen con una fanfarria entusiasta y luego la voz de Celia predica a todo pulmón: "Todo aquel que piensa que la vida es desigual, / tiene que saber que no es así, / que la vida es una hermosura, / hay que vivirla". *La vida es un carnaval* no es una canción de salsa, de acuerdo con el canon, pero conserva la estructura e incluso al final Celia hace un soneo como en sus mejores años. Eso, empero, fue lo que menos importó. Los aficionados a su música aplaudieron que, a su edad, lanzara un mensaje de tanto optimismo donde el mandato era hay que reír y hay que gozar.

La edad de Celia no se sabía con exactitud porque ella nunca lo permitió y aplicó con rigor aquello de que eso no se le pregunta a una dama. Tampoco lo dejaba notar porque nunca borraba su sonrisa y en las presentaciones cantaba sus viejos y nuevos temas sin equivocarse y sin utilizar apuntadores o partituras. La vitalidad le alcanzaba para hacer oposición al gobierno de Castro: no olvidaba con los años. En una oportunidad se enteró de que el boricua Andy Montañez, en una presentación, había saludado afectuosamente a varios cantantes que simpatizaban con el presidente cubano. Lo censuró en público y dijo que no le parecía bien lo que había hecho. Varios meses después, en un viaje con Fania a Puerto Rico, la gente la silbó y permitió que cantara únicamente dos canciones. Gritaban "¡Andy, Andy!", en referencia al incidente. Fue la única vez que se vio envuelta en una polémica política. Siempre dijo que no hablaba de eso porque no quería ligar ese tema con su carrera. "A mí me va a ver todo el mundo", decía.

La vitalidad le alcanzaba, también, para cuidar la diabetes de Pedro que, a veces, quería cogerle ventaja, y para mantenerla a raya debía hacerse un examen de sangre diario. Celia les ponía buena cara a esos problemas y bromeaba con que "de tanto gritar ¡azúcar! el pobre Pedro se me ha puesto diabético". La animaban proyectos como el de una muñeca a su imagen y semejanza que salió al mercado en 1998: tenía su estilo y su vestuario. Knight, por su parte, ya era tan simbólico como ella. Tanto, que Celia a veces prefería que no la acompañara cuando salía de compras porque, decía, por él la reconocían más rápido. Lo decidió un día que, en la barahúnda de los autógrafos, salió del almacén con dos zapatos del mismo pie.

El milenio terminó con otro ciclo. Lo último que grabó con Mercado fue el disco en vivo *Celia Cruz and Friends*, publicado en 2000, donde cantó los éxitos de su carrera a dúo con sus compañeros de escena más cercanos. Este trabajo le mereció el Grammy Latino por mejor presentación de salsa. Llegó a la ceremonia con vestido y peluca del mismo color: azul. Era la primera vez que iba a una ceremonia de estas y quería que su apariencia tuviera algo especial. Le había dicho a Pedro: "Voy a ir, porque a lo mejor puja Maruja y me lo gano. Pero esa noche me cambio el look". Por eso lució esa peluca. Ese año, los premios de la música más codiciados en el ambiente estrenaban su rama exclusiva para latinos. Se había tejido el rumor que ese no era el Grammy verdadero y que el que valía era el tradicional. Celia, que ya había ganado el original —cuando apenas existían un par de categorías para la música en español—, dijo que para ella no había ninguna diferencia.

Su gusto por los dúos continuaba y otros contrastes musicales que protagonizó fueron *Guantanamera* junto a Luciano Pavarotti, en el programa benéfico que celebra el tenor en Italia; en el concierto VHI *Divas Live: The One and Only Aretha Franklin*; y una interpretación con el merenguero Kinito Méndez. Se retiró de la RMM para irse a una de las compañías más poderosas del mercado: Sony Music. Las negociaciones ahora eran distintas porque, al lado de su esposo y de su apoderado de los últimos años, Omer Pardillo, fundó Azúcar Music Productions Inc. Se convirtió en dueña de su propia productora y los negocios con las disqueras ahora eran en otros términos. En Sony lo que querían, sobre todo, era a la Celia de la peluca azul, a una figura irreverente e icónica y que, más allá de la salsa, vendiera para todos las edades. En esos días el deseo más grande de Celia era grabar un disco de boleros, pero no quiso estrenarse en su nuevo sello con exigencias como ésa. En 2000 se imprimió *Siempre viviré*.

En la tapa de ese disco Celia lucía una peluca rubia y un vestido de diva del dance: las túnicas de guarachera ya eran cosa del pasado. El disco era variado y heterogéneo. Incluía el ancestral bolero *Tu voz*, a dúo con Vicente Fernández, y una versión en español del éxito más conocido de Gloria Gaynor *I Will Survive*. Esa canción, dos años después, se convertiría en la banda sonora de los homenajes que le rindieron cuando estaba enferma. En 2001 volvió a posponer su sueño de los boleros y entró al estudio para grabar *La negra tiene tumbao*, cuya canción homónima tiene accesos al rap y al pop. En el video de esa canción Celia aparece con una peluca naranja y unas gafas doradas grandes. Ese año nuevamente fue nominada al Grammy Latino, e ingresó en el Paseo de la Fama del Jackie Gleason Theater of The Performing Arts de Miami Beach.

La canción que abría, *Siempre viviré*, era una versión de *Oye cómo va*, de Tito Puente. La hizo como un réquiem. Después de que le dijo "Vete a la cama con optimismo", Tito no le entendió muy bien.

—¿Que me vaya a la cama con quién?— le preguntó el timbalero.

—Con optimismo, Tito, con optimismo —le respondió ella y en medio de la risa redondearon la conversación y colgaron.

Celia viajó a la Argentina a trabajar. Llevaba tres días en el Sur y no sabía nada de su amigo. Entró al cuarto del hotel y se repitió la escena del día en que murió su madre. Pedro le estaba diciendo a Pardillo "Hay que decírselo". Ella preguntó: "¿Decirme qué?", y su esposo, sin dilatar, le dijo: "Que se murió Tito". Sintió que una mano de uñas largas le apretaba el corazón. Empezó a llorar y se le fue la voz. El timbalero no resistió la operación que tenía programada y murió en la madrugada del 1 de junio de 2000. Esa noche Celia debutaba en la gira y tuvo que suspender el espectáculo.

Las demás presentaciones no las pudo suspender y por eso le fue imposible estar en su entierro. Siguió trabajando con el ánimo por el piso y deseando volver a Nueva York. Cuando regresó, lo primero que hizo fue ir al cementerio. La tierra de la tumba de Tito todavía estaba húmeda. La muerte de sus amigos siempre fue para ella un lastre duro de cargar. Le pasaba ahora con Puente y le ocurrió con la cantante colombiana Matilde Díaz y con sus compañeros de la Sonora Matancera. Le llevó flores, le habló y le dijo que él no debía morirse. Recordó eso que le dijo la última vez que hablaron por teléfono: "Ah, Celia, esta operación yo tenía que habérmela hecho desde el año 92". Volvió a llorar y decidió que en su siguiente disco incluiría una canción de él.

Julio: la pesadilla

Pocas muertes son completas. Pueden ser largas. La pesadilla empezó en julio de 2002 y duró, exactamente, un año. Celia notó una masa extraña en uno de sus senos y acudió al médico. En medio de una discreción absoluta ante los medios de comunicación, le hicieron una operación sencilla, en el Columbia Presbyterian Hospital, de Nueva York, para hacer un primer análisis. El 19 de agosto le diagnosticaron un cáncer que se abría paso y, para detenerlo, volvieron a operarla en septiembre: le extirparon el seno. Su recuperación fue excelente. Necesitó un mes al lado de su esposo y sus familiares para recobrar el sabor y en noviembre regresó a los escenarios. Empezó a estudiar las canciones de su nuevo álbum con Sony y trató de que su vida retomara la normalidad. Lo que no sabía era que la enfermedad preparaba otro zarpazo. Después de un concierto en el Hipódromo de las Américas, en Ciudad de México, sintió una dificultad extraña para hablar.

Regresó inmediatamente a la clínica de Nueva York para nuevos estudios y el 5 de diciembre le encontraron un tumor en el cerebro. Era maligno. Volvió al quirófano. Salió de la operación consciente y su ánimo mejoró al tiempo que sus heridas. La recuperación fue rápida. Su familia cada vez menos podía contener la confidencialidad y se filtró que estaba en la clínica. Nadie sabía exactamente qué le había pasado.

"Celia está recuperándose excelentemente bien", dijo su representante, Pardillo, pero no precisó muchos detalles. Los médicos estaban optimistas porque la recuperación avanzaba más rápido de lo que ellos creían. Contemplaban la posibilidad de enviarla a su casa, en Nueva Jersey. Después de la cirugía, la computadora de Pardillo tenía casi 500 correos electrónicos con saludos y reverencias de sus seguidores. A los seis días de la cirugía ya podía leer esas cartas y ver los noticieros de televisión.

La seguridad del hospital era estricta y el acceso al piso donde estaba Celia no era permitido. El misterio era absoluto. Pardillo decía que las razones de la cirugía serían divulgadas oportunamente y transmitió un mensaje de la cantante: "Aunque mi vida siempre ha sido un carnaval y un libro abierto para tantos de ustedes, en estos momentos humildemente les pido que respeten la privacidad, tanto mía como de mis seres queridos". También pedía que rezaran por ella porque eso la ayudaba a enfrentar este reto. Se demoró esa Navidad y ese fin de año para ponerse mejor. En enero habló con la revista *People en Español* y por fin se supo qué le había pasado. "No tuve ningún miedo —confesó—. No me asusté. No he llorado nada. Tenía la seguridad de que iba a salir muy bien".

En febrero regresó a los estudios de grabación para imprimir el último disco de su vida: *Regalo del alma*. Quería que tuviera trece canciones, pero sólo alcanzó a grabar diez. Tampoco pudo verlo en las vitrinas. Cantó un tema que resultó una despedida y una reflexión adecuada para lo que estaba viviendo: "Lo que es bueno hoy, / quizá no lo sea mañana, /

he ahí el valor del momento, / he ahí el presente perfecto". La canción se llamó *Ríe y llora*, y en el coro continuaba con el tono vaticinador: "Ríe y llora / que a cada cual le llega su hora". Continuó la fusión con ritmos contemporáneos como el rap y grabó su último dúo con Lolita Flores, en "Ay pena, penita", donde hubo una mezcla muy acertada entre azúcar y flamenco. El disco salió al mercado el 29 de julio, trece días después de su muerte. En la última página del cuadernillo, traía una nota firmada por Celia el 24 de marzo de 2003: "Este álbum es un regalo del alma. He decidido que tiene un significado muy profundo debido a que como todos ustedes saben he atravesado momentos difíciles".

Lo único que le faltaba en la música era el disco de boleros que tanto había querido en los últimos años. Pero, en una inercia extraña de sus deseos, apareció una recopilación en Colombia de veintiún cortes que recogía grabaciones de todas las épocas de su vida. En la mayoría de producciones de sus cerca de 60 años de carrera había incluido, a veces de contrabando, un bolero. Una empresa, Sum Records, había arreglado los derechos y los recopiló. Su sueño de los boleros, en parte, estaba cumplido. Se enteró de que el compilado existía un día cuando una emisora colombiana la llamó para hacerle una entrevista porque el disco repuntaba en las listas de ventas. Ella, que había pensado que era un reportaje por uno de sus trabajos con Sony, interrumpió la comunicación para hacerle las consultas del caso a Pedro. Concluyó que no entendía mucho pero en una entrevista posterior, meses después, aceptó que ese podría ser el disco que no había podido grabar.

La primera vez que se presentó en público, después de las operaciones, fue para recibir su segundo Grammy Latino por *La negra tiene tumbao*, en la categoría de mejor álbum de salsa. Su vestido, diseñado por Narciso Rodríguez, hizo honor al título de *Reina de la Salsa* que había ganado en los años de la Fania. Era un impecable traje largo blanco. La peluca era rubia y de un peinado discreto. Estuvo sonriente y saludó con la mano en alto a sus seguidores que la vitorearon. La penúltima aparición de su vida fue en un suntuoso homenaje que le organizó la cadena Telemundo, en el Jackie Gleason, de Miami.

Estaba vestida, otra vez, con un ajuar de soberana, también diseñado por Rodríguez. Una foto de esa noche se utilizó, meses después, en la portada de *Regalo del alma*. Fue el jueves 13 de marzo y asistió la plana mayor de los artistas latinos reconocidos en Estados Unidos. Los que no pudieron ir al auditorio enviaron grabaciones con saludos y mensajes de aliento. Celia estuvo sentada en primera fila y observó cómo cantaban doce de sus canciones más famosas. Salseros y músicos de todas las generaciones guaracharon al ritmo de una orquesta completa dirigida por Ángel Peña. El momento más emotivo fue cuando Pedro apareció en la tarima e interpretó un bolero, *Quizás*, en honor de su esposa: "Siempre que te pregunto, / que cómo, cuándo y dónde, / tú siempre me respondes / quizás, quizás, quizás".

Al final, Celia subió al escenario y cantó "Mi voz puede volar, / puede atravesar / cualquier herida, / cualquier tiempo, / cualquier soledad. / Sin que la pueda controlar / toma forma de canción. / Así es mi voz, / que sale de mi corazón". Era la versión en español *I Will Survive*. Al inicio de algunos versos dudó cómo seguía la letra. Se equivocó. Luego de la introducción entraron los cantantes que habían formado parte del concierto y se repartieron la canción en versos. Terminaron con un "¡azúcar!" inmenso que estremeció al auditorio. Su aspecto era cansado y apenas hacía unos movimientos leves de cadera: quedaba poco sabor en su cuerpo. Cuando terminó la canción, Celia se dirigió a sus amigos y les dijo: "Caballeros, me he sentido muy flojita, por eso no pude cantar eso que me dieron". También le dio gracias a Dios, "porque cuando me dio la malanga esa no me llevó. Acá estoy, luchando, y sigo cantando".

Pero la malanga no se había ido del todo. Se notaba cuando caminaba y cuando tartamudeó un poco al dirigir esas palabras. "Mira, se me va la palabra", reconoció. Terminó pidiendo que rezaran por ella. La orquesta arrancó con *Químbara* y ella buscó adentro y sacó un "Químbara cumbara / cumbaquim bam bam", idéntico al de los viejos tiempos. El 2 de abril siguiente tuvo su última presentación en público. Fue muy breve, en la gala anual de Repertorio Español, en el Hotel Plaza de Nueva York. Se presentó al lado de José Alberto, conocido como *el Canario*, un salsero joven que ponía su orquesta a disposición de Celia cada vez que ella quería y con el que se alternó en varias giras por Europa, durante la década de los noventa. Después de esa presentación volvió a desaparecer.

La taquilla del homenaje en Miami fue donada a la Fundación Celia Cruz. La había inaugurado en plena lucha contra la enfermedad y el objetivo era apoyar a los estudiantes de música que no tenían recursos y respaldar a los enfermos de cáncer. En años anteriores siempre estuvo lista cuando la invitaban a presentaciones benéficas de la Liga contra el Cáncer. Allí, en medio de los pregones, y en tono de broma pero muy en serio, pedía dólares y contribuciones. Su propia fundación ya era una idea cuando participaba en esas obras benéficas. Vaticinó que con las ideas que solían tener su esposo y su representante, seguro les iría muy bien. Y no empezaron mal. Recibieron 145 mil dólares por el espectáculo en Miami, más un abono extra en nombre de Telemundo. Ya había recibido contribuciones de la cervecera Heineken. Celia no asistió a la entrega de esos fondos.

Con la ausencia, empezaron las primeras especulaciones y versiones. Cuando cumplía 41 años de matrimonio, dos días antes de morir, no pudo levantarse de la cama para celebrar. Pedro se acercó a su oído y le dijo qué día era ese: "Fue cuando nos casamos, negra". Lo único que Celia respondió fue una lágrima que rodó por su mejilla. Antes de partir, en la mañana, una emisora latina de Miami afirmó que había muerto. Blanca Lasalle, su jefe de relaciones públicas, tuvo que emitir un comunicado de prensa afirmando que esas eran falsas y malintencionadas noticias, pedía que se respetara la privacidad y anunciaba que "como se anuncia un nacimiento, se anuncia la muerte y pueden estar seguros de que de surgir este momento, que Dios no lo quiera, su familia será la primera en anunciarlo".

Pocas muertes son completas. Pueden ser largas y luego de esas informaciones se dijo que estaba en coma y que había perdido el sentido: la cadena de suposiciones era interminable. Pocos tuvieron acceso a verla. Su inseparable amiga Cristina Saralegui, periodista que fue su confidente varias décadas, contó que en las visitas la encontraba regia, sentada en la sala, con peluca, sin maquillaje y con sus lentes y pulseras de brillo. Su otra gran amiga, Gloria Estefan, que también fue a verla por los días que le encontraron más tumores en el cerebro, confesó que el deterioro de Celia fue rápido.

Pocas muertes son completas. Perdió la pelea contra el cáncer en su casa el 17 de julio a las 4:55 de la tarde. Tenía setenta y siete años. Estaba en una cama distinta a la matrimonial, que había sido instalada, por las bregas de la enfermedad, a la entrada de su cuarto, del lado derecho. Tenía un pañuelo azul en la cabeza. Las radiaciones y la terapia no habían servido para nada porque tres tumores que no se podían extraer habían invadido su cerebro. Había pedido que le suspendieran los medicamentos que le alargaban su agonía, según confesó el sacerdote que ofició la unción de los enfermos dos horas antes del final. A su lado estuvieron Pedro y sus ochenta y un años, Pardillo, su hermana Gladys, María Elena Pacheco —esposa de Johnny—, su sobrina Linda Becquer, sus amigos Falcon —Luis y Leticia— y dos enfermeras. Cerró los ojos con un único sueño incumplido: regresar a Cuba.

Pocas muertes son completas y detrás de la de Celia Cruz se tejieron hilos de mito y leyenda. Pedro dijo que no. Que ya no dijeran que había cerrado los ojos en los brazos de fulano o en los de mengano porque murió tranquila. Había necesitado dos días para regresar luego de enterrar a su esposa y, caído en la trampa de la nostalgia, notó que ya no habría regreso a pesar del Guerlain, las pelucas, las fotos y la mesa del desayuno. No habría regreso aunque lo que veía y oía se le parecía a esa esperanza. Aunque diera la impresión de que la muerte no estaba completa.

DISCOGRAFÍA

No se sabe con exactitud cuáles fueron las primeras grabaciones de Celia pues, antes de grabar con la Sonora Matancera,
colaboró en varias orquestas de la isla. Sergio Santana Archbold, en *¿Qué es la salsa? Buscando la melodía,* dice que lo
primero que imprimió fue con la orquesta de Obdulio Morales, un acetato de 78 revoluciones, con el sello Panart, que
incluía las canciones "Changó" y "Babalú Ayé" —recopila-
das en el disco *Santero Panart*—. Luego, con la Gloria Matancera grabó "Ocanasordi", y con la orquesta de Ernesto
Duarte "La mazucamba", "Quédate negra", "María Inés" y
"Membé" —publicados por Ansonia en *Ecos del pasado*—.
Se sabe que existen además grabaciones con la Sonora Caracas, la Orquesta de Bebo Valdés, la Sonora Mexicana y Lucho
Macedo, entre otros. De ahí en adelante es posible hacer una
clasificación de sus discos, dividiendo los distintos momentos
artísticos que vivió. No se incluyen las recopilaciones de grandes éxitos o los discos que no incluían nuevos temas:

Con la Sonora Matancera (1950–1964)

Cubas Foresmost Rhythm Singer. Seeco.
Celia Cruz Sings. Seeco.
Cubas Queen of Rhythm. Seeco

Grandes éxitos de Celia Cruz. Seeco
La incomparable. Seeco.
Navidades con la Sonora Matancera. Seeco.
Su favorita. Seeco.
La dinámica. Seeco.
Reflexiones. Seeco.
Canciones premiadas. Seeco.
México qué grande eres. Seeco.
La tierna, conmovedora, bamboleadora. Seeco.
Canciones inolvidables. Seeco.
Homenaje a los santos. Seeco.
Homenaje a los santos. Volumen 2. Seeco.
Sabor y ritmo de los pueblos. Seeco.
El nuevo estilo. Seeco.
Hamenaje a Yemayá. Seeco.
Grandes éxitos. Seeco.
Mi diario musical. Seeco.

Con la orquesta de René Hernández

Canciones que yo quería haber grabado primero. Seeco
(1965)

Con el sello Tico
Al lado de Tito Puente

Cuba y Puerto Rico Son. Tico (1965)
Son con guaguancó. Tico (1966)

Quimbo Quimbumbia. Tico (1969)
Etc., etc., etc. Tico (1969)
Alma con alma. Tico (1971)
En España. Tico (1971)
Algo especial para recordar. Tico (1972)

Con Memo Salamanca

Bravo. Tico (1967).
A ti México. Tico (1968).
Nuevos éxitos. Tico (1971)

Como solista

Serenata guajira. Tico (1968)
La excitante. Tico (1969)

Con Fania (y sus sellos filiales)

Hommy. A Latin Opera. Fania (1973), con Larry Harlow.
Celia y Johnny. Vaya (1974), con Johnny Pacheco.
Tremendo caché. Vaya (1975), con Johnny Pacheco.
Recordando el ayer. Vaya (1976), con Johnny Pacheco.
Live at Yankee Stadium. Volumen 1. Fania (1976), con las Estrellas de Fania.
Live at Yankee Stadium. Volumen 2. Fania (1976), con las Estrellas de Fania.

Solamente ellos pudieron hacer este álbum. Vaya (1977), con Willie Colón.

Brillante. Vaya (1978).

Eternos. Vaya (1978), con Johnny Pacheco.

A todos mis amigos. Tico. (1978)

Homenaje a Beny Moré. Tico (1978), con Tito Puente.

Homenaje a Beny Moré Volumen 2. Tico (1978), con Tito Puente.

La ceiba. Vaya (1979), con La Sonora Ponceña.

Commitment. Fania (1980), con las Estrellas de Fania.

Celia, Johnny and Pete. Vaya (1980), con Johnny Pacheco y Pete 'El Conde' Rodríguez.

Celia y Willie. Vaya (1981), con Willie Colón.

The Perfect Blend. Fania (1981), con las Estrellas de Fania.

Latin Connection. Fania (1981), con las Estrellas de Fania.

Feliz encuentro. Fania y Bárbaro (1982), con La Sonora Matancera.

Tremendo trío. Fania (1983), con Ray Barretto y Adalberto Santiago.

Lo que pide la gente. Fania (1984), con las Estrellas de Fania.

De nuevo. Vaya (1985), con Johnny Pacheco.

Homenaje a Beny Moré Volumen 3. Tico (1985), con Tito Puente.

Viva la charanga. Fania (1986), con las Estrellas de Fania.

The Winners. Vaya (1987), con Willie Colón.

Ritmo en el corazón. Fania (1988), con Ray Barretto.

Bamboleo. Fania (1988), con las Estrellas de Fania.

Tributo a Ismael Rivera. Vaya (1992).

Con RMM

The mambo kings. RMM (1991), con Tito Puente.
Azúcar negra. RMM (1993).
Irrepetible. RMM (1994)
Alma con alma. The Heart & Soul of Celia Cruz y Tito Puente. RMM (1995).
Duets. RMM (1997), con varios artistas.
Mi vida es cantar. RMM (1998)
Celia Cruz and friends. RMM (2000)

Con Sony Music

Siempre viviré. Sony (2000)
La negra tiene tumbao. Sony (2001)
Regalo del alma. Sony (2003)

Con otros sellos disqueros

Dama del caribe. Ariola / Sonolux (1985)
Hermanos cantaré cantarás. CBS (1985)
Acá otra vez ritmo mundial. CBS (1988)
Live from Carnegie Hall 65th Anniversary. Taurus (1989), con La Sonora Matancera.
Corazón de bolero. Capitol / EMI (1991)

35th Aniversario. Sony / Columbia (1992), con Johnny Ventura.

Introducing. Charly (1993).

Boleros. Sum Records (2002).

Regalo del alma (2003, trabajo póstumo).

BIBLIOGRAFÍA

Carpentier, Alejo, *La ciudad de las columnas*, Barcelona, Editorial Lumen, 1970.

"Celia Cruz", en *Tv y Novelas*, año xxv, edición especial, agosto de 2003, p. 1-98.

Fernández, Raúl, "Artista de América Latina: Celia Cruz", en *Deslinde*, n° 21, jul.-sep. 1997, p. 102-119.

Gómez, José Manuel. *Guía esencial de la salsa*, Valencia, Editorial La Máscara, 1995.

Nieto, Alfonso, "¿Salsa o son montuno?", en Magazín Dominical de *El Espectador*, n° 77, septiembre 16 de 1984, p. 9-11.

Orovio, Helio, *Diccionario de la música cubana: biográfico y técnico*, 2ª ed. corregida y aumentada / edición de Radamés Giro, La Habana, Editorial Letras Cubanas, 1992.

Ortiz, José Gabriel. *Entrevista a Celia Cruz*, transcripción de videograbación, Bogotá, RCN Televisión, 2000.

Padura Fuentes, Leonardo, *Los rostros de la salsa*, edición de Vivian Lechuga, La Habana, Ediciones Unión, 1997.

Ramírez Bedoya, Héctor. *Historia de la Sonora Matancera y sus estrellas: volumen uno*, 2ª ed., edición de Luis Enrique González H., Medellín, Editorial Begon, 1998.

Rondón, César Miguel, *El libro de la salsa: crónica de la música del Caribe urbano*, Caracas, Editorial Arte, 1980.

Santana Archbold, Sergio, *¿Qué es la salsa? Buscando la melodía*, Medellín, Salsa y Cultura, 1992.

Valverde, Umberto, *Celia Cruz: Reina Rumba*, Bogotá, Editorial Atenas Manantial de Cultura, 2002.

"Vivir sin Celia", en *People en Español*, octubre 2003, p. 71-90.

Vidal, Margarita, *Entrevista a Celia Cruz*, transcripción de videograbación, Bogotá, programa *Al banquillo con Margarita Vidal*, diciembre 7 y 14 de 1987.

Internet

Biografía. Publicado en: www.celiacruzonline.com / Consultado: agosto 2003.

Caicedo, Guarino. *Su última entrevista*. Publicado en: www.eltiempo.com.co, julio 17 de 2003.

Celia Cruz. Publicado en: www.latinastereo.com / Consultado: agosto 2003.

Celia Cruz descansa en libertad. (Especial periodístico compuesto de varias notas) Publicado en www.nuevoherald.com, julio 19 de 2003.

Grabaciones de sonido. (Entrevista con Celia Cruz y fragmentos de distintas conferencias de prensa). Publicado en: www.lamusica.com / Consultado: agosto 2003.

Cuerpo de Celia Cruz fue embalsamado. Publicado en http://www.labotana.com/2003/2181.html. Consultado: diciembre 4 de 2003.

SUMARIO

Este libro se terminó de imprimir en el mes de abril
del año 2005 en los talleres bogotanos
de Panamericana Formas e Impresos S. A.
En su composición se utilizaron tipos
Sabon, Poster Bodoni y Akzidens Grotesk
de la casa Adobe.